MARCO POLO

BRÜSSEL

Reisen mit

Insider-Tips

Diese Tips sind die ganz speziellen Empfehlungen unserer Autoren. Sie sind im Text gelb unterlegt

Fünf Symbo
die Orientierung in di

für Marco Polo Tips – die besten in jeder Kategorie

für alle Objekte, bei denen Sie auch eine schöne Aussicht haben

für Plätze, wo Sie bestimmt viele Einheimische treffen

für Treffpunkte für junge Leute

(A 1)
Koordinaten für den Stadtplan
(O) *außerhalb des Kartenbereichs*

Diesen Reiseführer schrieb Siggi Weidemann. Er ist Auslandskorrespondent und Autor von Büchern über Belgien und des Marco Polo Bandes »Flandern«. Die Marco Polo Reihe wird herausgegeben von Ferdinand Ranft.

MAIRS GEOGRAPHISCHER VERLAG

Unsere Autoren haben nach bestem Wissen recherchiert. Trotzdem schleichen sich manchmal Fehler ein, für die der Verlag keine Haftung übernehmen kann.

Titelfoto: Grand' Place, Zunfthäuser (Schuster/Pöche)
Fotos: Autor (Anreise, 55, 73); Knigge (9, 22, 24, 27, 34, 40, 42, 46, 52, 53, 60, 63, 66, 80, 85, 87, 91); Mauritius: Torino (56), Troisfontaines (18), Vidler (7); Santor (50); Schapowalow: Heaton (14), Messerschmidt (19), Valdin (23, 76, 79); Silvestris: Stadler (4, 11, 13, 32, 92)

5., aktualisierte Auflage 1998
Lektorat: Cornelia Sahling

Gestaltung: Thienhaus/Wippermann (Büro Hamburg)
Sprachführer: in Zusammenarbeit mit Ernst Klett Verlag für Wissen und Bildung GmbH, Redaktion PONS Wörterbücher

Printed in Germany
Gedruckt auf 100% chlorfreiem Papier

INHALT

Entdecken Sie Brüssel!

Eine tausendjährige Geschichte, Kunst, Kultur und Lebensart prägen die zweisprachige Hauptstadt des vereinten Europa

Wer an Brüssel denkt, dem kommen zuerst Milchquoten und Getreidepreise, Mindestpreise für Tomaten oder Kalbfleisch in den Sinn, der denkt an überbezahlte Beamte und herumwieselnde Lobbyisten, an die EU und an die Nato. Das Vorurteil, Brüssel sei eine Stadt des verwalteten Europa, sitzt tief und stimmt: Rund 1250 internationale Organisationen haben ihren Sitz in Brüssel, der Europolis.

Aber Brüssel ist mehr: ein vielfältiges Puzzle, zusammengesetzt aus einer tausendjährigen Geschichte, bewohnt von kosmopolitischen und lebensfrohen, aber auch konservativen Bürgern, geprägt von gotischen Fassaden und Glaspalästen. Eine Residenz, reich an Kunstschätzen, zusammengetragen von Kaisern, Königen, Herzögen und den selbstbewußten Bürgern. Auf einem der prominenten Plätze Europas, der Grand' Place, laden Terrassencafés dazu ein, in Ruhe die Umgebung zu betrachten: ein Kleinod aus Stein gemauert oder, wie es der französische Dichter Jean Cocteau formulierte, die »schönste Theaterkulisse der Welt«. Der richtige Ort also, um sich in die widersprüchliche Stadt einzustimmen. Nach einer Umfrage des französischen Magazins »L'Express« hat Brüssel nach Paris die höchste Lebensqualität unter den Hauptstädten Europas.

Bis Ende der 80er Jahre führte die zweisprachige Hauptstadt des eigenwilligen Königreiches unter den europäischen Metropolen ein Schattendasein. Immer öfter sah man dann die Schilder »Renovierung«. Ein Großteil der historischen Gebäude – und die Stadt hat wahrlich nicht wenige davon – ist immer noch eingerüstet oder verbirgt sich hinter Planen. Eine Investitionswelle soll Brüssel jetzt weit in die Zukunft tragen. Inzwischen belegt es den dritten Platz unter den internationalen Kongreßstädten, reisen jährlich rund sechs Millionen Besucher an, um sich selber ein Bild von der pulsierenden europäischen Metropole zu machen.

Brüssel ist seit jeher Residenzstadt. Vom Mont des Arts haben Sie einen schönen Blick auf die Altstadt

Brüssel ist kein Schmelztiegel. Die verschiedenen Gruppen, Kulturen und Sprachen leben weitgehend in ihren Vierteln und führen dort ihr Eigenleben: Die Mehrzahl der Deutschen, Engländer, Franzosen oder Spanier wohnt in den vornehmen, grünen Vororten wie Tervuren, Overijse oder Wezembeek, Marokkaner und Türken in Schaarbeek oder St-Josse, Afrikaner an der Porte Namur.

Brüssel gehört zu den vielschichtigen europäischen Städten, erbaut auf den Hügeln des Brabanter Landes. Im späten Mittelalter lag es im politischen Zentrum Europas, im Palast residierten Kaiser, die Zünfte demonstrierten mit ihren vergoldeten Gildehäusern Macht. Denkmal der richterlichen Gewalt, erbaut auf dem mittelalterlichen Galgenberg, ist der Justizpalast. Er sollte das Gewaltigste werden, was europäische Baumeister hervorgebracht hatten. Selbst der aufgeklärteste Besucher erschaudert heute angesichts der beklemmenden Düsternis des furchteinflößenden Gebäudes. Der Reichtum der Stadt manifestiert sich aber auch in anderen Symbolen von Größe und Macht: Da ist die Grand' Place, der architektonisch gelungenste Marktplatz der Welt; da gibt es eine herausragende Gemäldesammlung alter Kunst im Musée de l'Art Ancien und eine bewunderungswürdige Parklandschaft, die Forêt de Soignes; dann Waterloo, eines der historischen Schlachtfelder der Weltgeschichte, und das Altstadtviertel Ilôt Sacré, der »Bauch von Brüssel«. Brüssel, Zentrum und Herz von Europa, umfaßt 16179 ha, von denen rund 15 Prozent aus Grünflächen bestehen.

Brüssel ist aus 19 Gemeinden zusammengewachsen, wobei sich die einzelnen Stadtbezirke ihre Eigenständigkeit bewahrt haben: lässig, selbstbewußt und individualistisch. Jede Gemeinde verfügt über eine eigene Stadtregierung, die größte Gemeinde ist die Commune de Bruxelles im Stadtzentrum. In der Innenstadt leben rund 140000 Menschen, in Groß-Brüssel ungefähr 952200 Einwohner, jeder vierte davon ist Ausländer. Die gesamte Stadt ist zu einer eigenen Region zusammengefaßt, die von zwei flämisch und drei französisch sprechenden Ministern regiert wird. Brüssel ist offiziell zweisprachig, die Straßennamen, die Hinweisschilder im öffentlichen Verkehr und an den Straßen zeigen es. Die französischen Wallonen stellen rund zwei Drittel der Einwohner, die niederländisch sprechenden Flamen den Rest. Kulturell, politisch und wirtschaftlich wird der Einfluß der Flamen in Brüssel – einer frankophonen Sprachinsel in der flämischen Provinz Brabant – stärker. Seit 1989 ist Brüssel Sitz der flämischen Regierung. Eine Stadt der sprachlichen und politischen Kompromisse und ein Ort voll von Irritationen.

Brussel, Bruxelles, Bruocsella. Eine mehrsprachige Stadt, in der die Dialekte ebenso wie das Niederländische und Französische durcheinandergeraten. Ein Platz mit vielen Völkern und Kulturen, der die Allüren einer Metropole hat, bunt und hektisch, arm und dreckig ist. Eine Stadt, die ei-

Die Maison du Roi ist ein einzigartiges Beispiel flämischer Gotik

gentlich staatenlos ist. Da fordern die Wallonen, sie gehöre zu ihrer Sprachgemeinschaft, die Flamen begründen ihre Besitzansprüche mit der Geschichte, da das 977 erstmals erwähnte Brüssel eine flämische Gründung sei. Und dann die verordnete Zweisprachigkeit. Da fahren die Züge zur Gare du Nord und in die Noordstation, die Metro hält in der Kruidtuin und im Botanique, die Fremdenführer erklären die Schönheiten des Grasmarktes und des Marché-aux-Herbes. Und stets handelt es sich um ein und denselben Ort. Um nicht schizophren zu werden, hat der Brüsseler eine besondere Art des Humors entwickelt, gibt sich witzig und unerschütterlich, hat eine wohltuende Art von kopfschüttelnder Nonchalance, die in dem Motto gipfelt: Genieße den Tag. Keine andere Stadt, nicht einmal Paris, bietet eine solche Vielfalt an Tavernen und Restaurants wie Brüssel. Hier wird mehr Champagner pro Kopf getrunken als in Paris, hier werden mehr Pralinen gegessen als in der Schweiz. Fast-food-Etablissements haben kaum eine Chance. Die Mischung aus französischer Küche und deftiger Hausmannskost hat dazu geführt, daß es nirgendwo mehr Sterne oder Kochmützen für preisgekrönte Restaurants gibt als in der Hauptstadt Europas.

Spaziergänge durch Brüssel

Art nouveau
Obwohl in den letzten Jahrzehnten viele Gebäude im Stil des Art nouveau Spekulanten zum Opfer gefallen sind, schmücken noch rund 80 Bauwerke aus der Zeit des Jugendstils die Stadt. Außer so bekannten Adressen wie das Magasin Wolfers von Horta oder die Taverne Falstaff von Houbion gibt es noch weitere sehenswerte Denkmäler. Eine Stadtkarte, auf der alle Bauwerke der Jahrhundertwende eingezeichnet sind, gibt es beim Verkehrsamt für 100 bfr.

Comic-strip-Route
Brüssel ist das europäische Zentrum des Comic strip. 1996 feierte die Stadt das »Jahrhundertfest der Bildergeschichten«. In der Zandstraat befindet sich das größte und schönste Comic-Museum Europas, hier entstanden auch Comic-Helden wie Tim und Struppi, Nero, Lucky Luke u. a. Auch im Straßenbild und in der Metro wird sichtbar, wie sehr die Belgier Bildergeschichten lieben. In der Metro-Station Stockel findet man Tim und Struppi, eine Rundwanderung (Faltplan beim Verkehrsverein an der Grand' Place) führt entlang einiger schöner Mauerbilder: Lucky Luke und die vier Daltons in der Rue de Buanderie; Frank Pé am Plattesteen; Suske und Wiske in der Rue de Laeken; Tibet en Duchâteau in der Rue de Bon Secours; Nero an der Place Saint-Géry.

Europäisch
Am Robert-Schuman-Platz und am Jourdanplein stehen die Bauwerke des verwalteten Europas. Es wird hart an Europas Zukunft gearbeitet.

Fouine
Ein Gang über die Märkte der Stadt, nicht um zu kaufen, sondern um zu stöbern, zu gucken und zu begutachten. *Fouine* nennt der Brüsseler diese ungemein entspannende Tätigkeit. Und Auswahl gibt es genug: auf dem orientalischen Obst- und Krämermarkt am Südbahnhof, dem Antikmarkt vom Sablon, dem Trödelmarkt in den Marollen.

Im Grünen
Durch die grünen Lungen der Stadt, etwa ein Spaziergang durch den Stadtpark am Königspalast, durch den Jubelpark oder in den weiten Wäldern von Soignes.

Romantisch
Ein Abendspaziergang über die Grand' Place mit ihren angestrahlten Zunfthäusern, dem Rathaus und dem Haus des Königs und anschließend durch die verwinkelten Gassen der angrenzenden Altstadt.

Volkstümlich
Ein kaum bekanntes, aber lohnendes Ziel ist das Volksviertel Marolles. Hier wohnte Bruegel. Sonntagsmaler sitzen an den verfallenen Hausecken, der Putz fällt von den Häusern. Sich einfach durch die verwinkelten Gassen treiben lassen.

Um die Stadt verstehen, begreifen, ja vielleicht gar lieben zu können, ein Rückblick auf die wechselhafte Geschichte von L'Européenne, der Dame Europas, wie Brüssel genannt wird. Die Entwicklung vom Dorf »Bruocsella« (Ort im Morast) zur Stadt vollzieht sich im 11. Jahrhundert, nachdem Karl von Lothringen im Auftrag des Deutschen Kaisers Otto II. eine Burg am Kreuzweg der Handelsrouten von Köln nach Paris und nach Brügge errichtet. Die Stadt entwickelt sich rasch zu einer mittelalterlichen Metropole, in deren ummauertem Stadtkern 40 000 Menschen wohnen. Nachdem die Grafen von Leuven und späteren Herzöge von Brabant auf dem Coudenberg ihre Burg errichtet haben und mit dem Bau der Kathedrale begonnen worden ist, wird Brüssel die wichtigste Handelsstadt des Herzogtums Brabant, werden die Weichen für die nachfolgende Blütezeit gestellt: Die Tuchindustrie blüht auf, die Zünfte werden mächtig und erhalten die sogenannte Schlüsselgewalt über die Stadttore. Gegen Mitte des 14. Jahrhunderts wird mit dem Bau einer zweiten Mauer begonnen, die erst im 18. Jahrhundert auf Befehl Napoleons abgetragen wird, um Platz für die Umgehungsstraße des heutigen Inneren Ringes zu schaffen. Das Stadttor Porte de Hal und der schwarze Turm an der sehenswerten Kirche Sainte Catherine sind letzte Zeugen des einst mächtigen Bollwerkes.

Zünfte und Kaufleute erhalten 1421 politischen Einfluß. Die Grand' Place, bislang von adeligen Familien bewohnt, wird nun auch den Handwerkern zugänglich gemacht. So erbauen sich Stockfischhändler, Zimmerleute und Binnenschiffer ihre Gildehäuser. Der Adel baut neue Paläste am Coudenberg. Als Symbol der neu erworbenen Rechte der Kaufleute und Handwerker wird auf dem Marktplatz das Rathaus errichtet, die Kapellenkirche erbaut, die Kathedrale vollendet und an der gotischen Kirche auf dem Zavelplatz gearbeitet. Unter den Herzögen von Burgund erlebt die Stadt sodann einen wirtschaftlichen und künstlerischen Aufschwung. Gemeinsam mit den Städten Gent, Mechelen, Antwerpen, Brügge, Löwen, Damme ist Flandern neben der oberitalienischen Städtelandschaft das historische Gebiet, in dem sich im 14. und 15. Jahrhundert Kunst und Wissenschaft zu besonderer Blüte entwickeln.

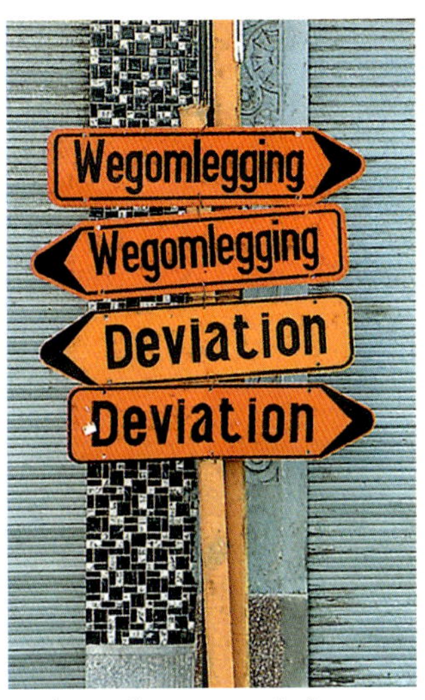

Nicht nur die Zweisprachigkeit stiftet bisweilen Verwirrung

Zwischen diesen beiden Ländern herrschte ein reger Handels- und Warenaustausch. Einerseits fanden flämische Künstler, Maler, Bildhauer und Baumeister im Süden Inspirationen, und umgekehrt kamen Italiener nach Flandern, um sich ebenfalls inspirieren zu lassen.

Zwischen Innsbruck und Brüssel wird im Jahre 1490 eine feste Postverbindung eingerichtet, nachdem Brüssel an die Habsburger gefallen ist und sich die Burgunder zurückziehen. Und Brüssel kann sich glücklich schätzen, daß Kaiser Karl V., in Gent geboren, Brüssel zu seinem Regierungssitz macht und die Stadt 1531 Hauptstadt der spanischen Niederlande wird. Rund 70 000 Einwohner leben damals bereits in der Residenz.

Die Zeit, in der das heutige Flandern und Spanien durch die Habsburger regiert wurden, ist als das »Goldene Jahrhundert« in die Geschichte eingegangen. In die Regierungszeit von Karl V. (1500 bis 1558), römisch-deutscher Kaiser und als Carlos I. König von Spanien, fallen zwei wichtige Ereignisse: die Reformation in Deutschland und die Eroberung des spanischen Kolonialreiches in Mittel- und Südamerika. Karl V. herrschte über die Kolonien in Amerika, die Niederlande, Portugal, die Philippinen und weite Teile von Italien. Schiller läßt ihn im »Don Carlos« ausrufen: »Die Sonne geht in meinem Reich nicht unter«. Die Auseinandersetzungen mit den Protestanten, den Calvinisten, die Kämpfe gegen die Türken, vier Kriege gegen seine Rivalen und Streitereien mit Frankreich und England, später dann der Kaperkrieg der Holländer gegen die spanischen Silberflotten sollten schließlich zu einem Niedergang Spaniens führen und der Religionskrieg mit den Holländern zu einer wirtschaftlichen Stagnation von Brüssel. Die weit auseinanderliegenden Länder waren schwer zu regieren, die Post- und Handelsrouten lang und gefahrvoll. Die »Spanische Route« nach Brüssel führte von Barcelona nach Genua (Schiff), weiter nach Mailand, Besançon, Luxemburg. Aber immer, wenn sich Karl V. in seinem Palast auf dem Coudenberg aufhielt, konnte sich Brüssel als Nabel der Welt sehen, wurde die christliche Welt von Flandern aus regiert.

Nach der Abdankung Karls V. zugunsten seines Sohnes Philipp II. im Jahr 1556 in Brüssel und seinem Rückzug in das spanische Kloster Yuste beginnen die dunklen Epochen der spanischen Besatzungszeit. 1567 wird der Herzog von Alba Statthalter der Niederlande, es beginnt der 80jährige spanisch-holländische Krieg. Pieter Bruegel, der im Marollenviertel wohnt und arbeitet, klagt die »spanische Furie« in seinem Bild »Bethlemitische Kinder« an. Auf der Grand' Place werden die Grafen Hoorne und Egmont 1568 als angebliche Verschwörer enthauptet. Die Reformation hatte inzwischen auch in Flandern Anhänger gewonnen, es kommt zum Bildersturm. Wilhelm I., Prins von Oranje und Graf von Nassau, der den Konflikt friedlich lösen will, wählt dann doch die Seite der Aufständischen. Mehr als 100 000 Menschen fliehen in die nördlichen Niederlande, das kulturelle und wirtschaftliche Leben erblüht dort – während Brüssel zur Provinz verkommt.

Anfang des 17. Jahrhunderts bringt die Zeit unter der Regierung von Erzherzog Albrecht und seiner Frau Isabella für kurze Zeit einen gewissen Aufschwung. Häuser und Kirchen werden wieder aufgebaut, diesmal im Stil des italienischen Klassizismus. 1695, während des neunjährigen Krieges, wird die Stadt auf Befehl von Ludwig XIV., dem Sonnenkönig, schwer bombardiert und das Zentrum der Unterstadt dem Erdboden gleichgemacht. Mehr als 4000 Häuser werden zerstört. Die Grand' Place, so wie wir sie heute kennen, stammt aus der Zeit danach, aus den Jahren um 1700.

Prinz Eugen, der Wiener Held im Kampf gegen die Türken, wird 1716 Statthalter der österreichischen Niederlande. Gegen die erneute Fremdherrschaft protestieren die Brüsseler, und Prinz Eugen demonstriert dagegen kaiserliche Macht: 1719 läßt er Frans Anneessens, Dekan der Zünfte und Anführer im Freiheitskampf, enthaupten.

1725 kehrt mit der Statthalterin Erzherzogin Maria Elisabeth Friede in die Stadt ein. Aber erst unter Karl Alexander von Lothringen blüht Brüssel wieder auf. Bis zum Ausbruch der Französischen Revolution 1789 wird ein großer Teil der Stadt im Stil des Klassizismus errichtet. Wieder aufgebaut werden das Schloß und die Paläste rund um den Coudenberg, der Platz der Märtyrer wird angelegt. Als Folge der Französischen Revolution vertreiben die Brüsseler die Österreicher, werden aber ab 1794 – ebenso wie der Rest Belgiens und Hollands – Teil Frankreichs. Nach der Schlacht von Waterloo, 1815, und dem Sturz Napoleons kommt Belgien unter Fremdherrschaft der Oranier, Brüssel wird neben Den Haag zweite Hauptstadt des neuen Königreiches der Niederlande. Aber die Brüsseler wehren sich gegen die erneute Unterdrückung, und am 25. August 1830 kommt es auf dem Theaterplatz von Brüssel zum Aufruhr. Die belgische Revolution bricht aus, die Holländer werden vertrieben, und Brüssel wird wieder Hauptstadt eines selbständigen Königreiches. 1831 wird Leopold von Sachsen-Coburg erster König der Belgier, 1834 bekommt Brüssel seine Universität, und ein Jahr später fährt zwischen Brüssel und Mechelen die erste Eisenbahn auf dem europäischen Kontinent. Die Reste der Stadtbefestigung werden abgetragen, zahlreiche historische Bauwerke verschwinden. Die Stadt mit rund 100 000 Einwohnern baut an ihrer Zukunft.

Das Löwendenkmal mit Blick auf das Schlachtfeld von Waterloo

Die wechselvolle Geschichte spiegelt sich überall im Stadtbild; am nachhaltigsten hat König Leopold II., ein begeisterter Bauherr, die Hauptstadt des Landes nach seiner Thronbesteigung 1865 verändert. Angeregt durch die Kolonialländer Frankreich und England begann Leopold II. mit der Industrialisierung, mit der Ausbeutung seiner afrikanischen Kongo-Kolonie. Da die Brüsseler Regierung dem König in seinem kolonialen Abenteuer nicht folgen wollte, kaufte sich Leopold zwei Millionen Quadratkilometer Kongo (späteres Zaïre) aus seiner Privatschatulle. Die Königsschlösser in Brüssel und in Laeken, die Boulevards nach Pariser Vorbild, der Jubelpark, die Treibhäuser und die prachtvolle Avenue de Tervuren, die zum Afrika-Museum führt, zeugen von den Gewinnen – und von einem übersteigerten Selbstbewußtsein der Justizpalast.

Als Festung steht das Gerichtsgebäude, weitaus größer als der Petersdom, über dem Marollenviertel. Ein Viertel, das sich in den letzten Jahren rapide gewandelt hat. Die Gassen um den »Vossenplein« waren seit jeher ein Viertel der kleinen Leute. Doch der Aufbruch hat auch diesen Stadtteil erfaßt; nirgendwo in Brüssel gibt es freilich immer noch so viele urige Kneipen, verstaubte Trödelläden, ist der Brüsseler Mutterwitz so nachdrücklich anwesend wie hier. Wenn irgendwo in der Hauptstadt gegen städtische Fehlplanungen oder gegen Beamtenwillkür protestiert wird, dann hier. Aber bislang hat es den Bewohnern wenig genutzt: Wie andere städtische Bezirke auch, zählt das Herz der Stadt zu den verwahrlosten Vierteln. Die Übelstände werden in den Medien immer freimütiger geschildert, man übt Selbstkritik und hinterläßt dabei beim Publikum das Gefühl der Ohnmacht. Allein 140 denkmalgeschützte Gebäude in der Innenstadt fielen der Spitzhacke zum Opfer. Die Wut der Bewohner auf die Spekulanten und die Stadtväter, aber auch auf die Spitzenverdiener der EU, die die Preise in die Höhe treiben, wird immer deutlicher und schriller.

1914 und 1940 war Belgien Kriegsschauplatz und Brüssel von deutschen Truppen besetzt. 1951 mußte König Leopold III. abdanken, seitdem regierte sein Sohn Baudouin I. von Sachsen-Coburg das Land. Der fünfte König der Belgier starb am 31. Juli 1993 kinderlos. Albert II., sein Bruder, regiert seitdem als »Vater des Vaterlandes«.

Frauen haben in der Geschichte Brüssels stets eine gewichtige Rolle gespielt. Da waren nicht allein die kultivierten Äbtissinnen der Brüsseler Nonnenklöster, sondern auch die Königinnen und Statthalterinnen, die von Brüssel aus das Land regierten. 21 Jahre lang lag das Geschick der Stadt in Händen Johannas von Brabant (1322–1406), berühmt sind auch Maria von Burgund (1458–82), ferner Margarete von Österreich, Maria von Ungarn, die Infantin Isabella. Rund 150 Jahre, vom 16. bis zum 18. Jahrhundert, residierten im Brüsseler Königsschloß Frauen. Ihnen ist es zu danken, daß in Brüssel die feine Lebensart eingeführt wurde, Kunst und Literatur noch einen hohen Stellenwert haben. Angezogen vom liberalen und kunstsinnigen Klima der Stadt fühlte sich später Juliette Drouet, die ihrem Geliebten Victor Hugo ins Exil nach Brüssel gefolgt war. Karl Marx, der seine Jugendfreundin Jenny von Westphalen 1843 geheiratet hatte, verschlug es für drei Jahre nach Brüssel. Von Jenny Marx ist überliefert, daß sie sich über die sozialen Mißstände erregte. So soll sie heftig protestiert haben, als die eleganten »Galeries Saint-Hubert« eingeweiht wurden, in den Volksvierteln aber Hungersnot herrschte.

Inzwischen ist Brüssel auf der Suche nach einer neuen Identität. Brüssel, das prosperierende Wirtschaftszentrum des Landes, Sitz der Regierung, Sitz der Nationalbank und zahlreicher europäischer Institutionen baut unverdrossen an seiner Zukunft. Rund um den Point Robert Schuman stehen zahlreiche Gebäude der EU. Das monumentale Berlaymont-Hochhaus, 1963 bis 69 von de Vestel für die Verwaltung der EU erbaut, ist seit 1992 geschlossen. Das mit Asbest verseuchte Bauwerk wird zur Zeit umgebaut – es war typisch für das verwaltete Europa: Zu rund 60 % bestand es aus Fluren. Der kosmopolitischste Teil der Stadt befindet sich zwischen der Rue Belliard und dem Parc Léopold. Dort erheben sich die Fassaden des Kongreßzentrums und des Parlamentsgebäudes – wegen seiner Form, die an eine französische Käseschachtel erinnert, vom Volksmund »Caprice des Dieux« genannt. Mehr als 50 000 Arbeitsplätze hängen direkt von der EU ab, hinzu kommen die Arbeitsplätze in den Restaurants, Hotels, Geschäften, in Handwerksunternehmen und bei den Umzugsfirmen. Rund 1250 internationale Organisationen haben ihren Sitz in Brüssel. Die Stadt mit dem spröden Charme, konservativ und lebensbejahend, widersprüchlich und weltoffen, läßt niemanden gleichgültig. Entweder liebt man die wüste Architektur oder die Schönheit von Renaissancegiebeln – Europolis ist einer dauernden Metamorphose unterworfen.

Das EU-Gebäude – zur Zeit wegen Bauarbeiten geschlossen

SUMMER HOUSE

Was schauen wir an?

Es sind die Gegensätze, die Brüssel so lebendig machen: Art nouveau und Mittelalter, enge Gassen und schicke Avenuen

Langsam, zögernd erschließt sich Brüssel dem Besucher. Die Anreise, sei es mit dem Auto oder der Bahn, führt durch die unaufgeräumten Ecken der Stadt, die den schrillen Kontrast zum Kern bilden. Zugegeben, Vorortviertel und Bahnhofsecken findet man kaum auf Postkarten. Das enorme Wachstum der europäischen Metropole zeigt sich an den zahllosen Baugruben und Kränen, der Hektik und dem Trubel. Die Stadt war jahrelang ein Paradies für Spekulanten und Projektentwickler, die die große Nachfrage nach Büroräumen, nach Wohnungen für die Eurokraten, für Lobbyisten, Journalisten und Beamte zufriedenstellen mußten. Das verwaltete Europa zeigte Flagge mit Kahlschlag und Flurbereinigung. »Bruxellesation«, Verbrüsselung, nennt man das. Glitzernde, gläserne Hochhäuser entstanden in historisch gewachsenen Vierteln, der Kontrast von Alt und Neu ist groß. Aber seit einiger Zeit wird der Denkmalschutz wieder ernst genommen, wird renoviert und restauriert. Brüssel erstrahlt in einem neuen Glanz, macht sich auf, Europas Hauptstadt zu werden.

Symbol des Atomzeitalters und Wahrzeichen Brüssels ist das 102 m hohe Atomium

Brüssels Bausubstanz spiegelt die inhaltsreiche Geschichte wider: Es war die Residenz der Grafen von Brabant und der Herzöge von Burgund. Und Karl V., jener spanische Carlos I, in Gent geboren, in dessen Weltreich die »Sonne nicht unterging«, wurde 1516 hier zum Herrscher von Spanien proklamiert. Brüssel war auch eine Stadt der Inquisition, gehörte im Wechsel zu Spanien, Frankreich und Holland. Aus jener Zeit sind noch zahlreiche Bauwerke im klassizistischen Stil erhalten geblieben; der Große Platz, Grand' Place, ist Mittelpunkt aller architektonischen Attraktionen, an denen Brüssel noch immer reich ist. Eine stadtplanerische Besonderheit ist die Unterteilung Brüssels in Ober- und Unterstadt. Die Unterstadt, nur 15–20 m ü. d. M., erstreckt sich rund um die Grand' Place, die Börse und den Grasmarkt.

30 m oberhalb des höchsten Punktes beginnt dann die Oberstadt, die mit Place Madon und Dudenpark 50 bzw. 100 m ü. d. M. liegt.

Fast alles Sehenswerte liegt in der Innenstadt und ist gut zu Fuß erreichbar. Die am Stadtrand gelegenen Sehenswürdigkeiten, etwa der Jubelpark oder das Atomium, können bequem mit der Metro oder mit dem Taxi erreicht werden. Die Brüsseler Taxifahrer gelten als freundlich.

ART NOUVEAU/ART DÉCO

Am Ende des 19. Jhs. wurde Europa von einer Bewegung erfaßt, die auf der Suche nach neuen Ausdrucksformen für ein anderes Lebensgefühl war. In Barcelona nannte man es Modernisme, in Großbritannien und den USA war es der Modern Style, in Wien wurde es als Sezession, in Paris und Brüssel als Art nouveau und in Deutschland als Jugendstil bezeichnet. Das Interesse an Art nouveau/Art déco ist in den letzten Jahren gewachsen, dabei stehen vor allem Gebrauchsgegenstände im Mittelpunkt des Interesses. An die Architektur wurde zunächst weniger gedacht. Große Architekten dieser Zeit waren Victor Horta, Henry van de Velde und Paul Hankar, sie machten Brüssel zu einer Schatzkiste der Arts Décoratifs. Viel davon ist freilich nicht übriggeblieben, denn einige Bauten wurden abgebrochen. Aber seit der großen Art-déco-Ausstellung von 1989 wird restauriert, was vor der Abrißbirne gerettet wurde. Ein Spaziergang zeigt: Es gibt noch schöne architektonische Beispiele des Art noveau/Art déco. *Das Verkehrsamt T.I.B. organisiert Spaziergänge zu diesem Thema mit kundigen Stadtführern.*

BAUDENKMÄLER UND MONUMENTE

Albertine (C4)

Die Königliche Bibliothek, *Bibliothèque Albert I,* bildet mit den Palais des Congrès und de la Dynastie den repräsentativen Kunstberg, den Mont des Arts. Die Anlage entstand in den Jahren 1956–58. Das Reiterstandbild von König Albert I., die Gartenanlage und die breite Freitreppe beeindrucken durch ihre Schlichtheit. Von hier hat man einen schönen Blick über die Innenstadt. Die Bestände der Bibliothek umfassen mehr als eine Million Bände sowie Manuskripte und historische Werke. *Mo–Sa 10–14 Uhr, Mont des Arts, Metro: Gare Centrale*

Atomium (O)

Das Wahrzeichen Brüssels erinnert an die Weltausstellung von 1958. Das Atomium symbolisiert den Aufbau eines Eisenkristallmoleküls in 165milliardenfacher Vergrößerung. Das aus neun Kugeln bestehende Bauwerk ist 102 m hoch, die Kugeln haben einen Durchmesser von je 18 m und sind durch Rohre, in denen Rolltreppen laufen, miteinander verbunden. In der obersten Kugel befindet sich ein Restaurant mit einem Panoramablick auf Brüssel. In den anderen Kugeln ist *Biogénium* zu sehen, eine Ausstellung zur Geschichte der Medizin, zur Immunologie, der Genetik und Virologie. *Eintritt 200 bfr,*

April–Aug. tgl. 9–20 Uhr, Sept. bis März 10–18 Uhr, Heysel, Metro: Heysel, Tram 23, 81

Berlaymont **(F 4)**
In dem kreuzförmigen Glaspalast arbeitete bis 1992 die Verwaltung der Europäischen Union und tagte die Kommission der EU. Auf der anderen Seite des Robert-Schuman-Platzes wächst das neue, gigantische EU-Parlamentsgebäude in die Höhe. Berlaymont, erbaut 1963–69 und vom belgischen Staat an die EU vermietet, ist seit 1992 geschlossen und wird zur Zeit umgebaut, da die Räume mit Asbest isoliert wurden. Das »Berlaymonster« dokumentiert die Bürokratie, nur 40% wurden als Büroräume genutzt. Um die Jahrtausendwende soll das Haus wieder genutzt werden. *Rond-Point-Schuman, Metro: Schuman*

Bourse **(B 3)**
Die Börse, im neoklassizistischen Stil 1873 von Léon Suys er-

MARCO POLO TIPS FÜR BESICHTIGUNGEN

1 Galeries Saint-Hubert
Elegante und exklusive Einkaufspassage der Stadt, und das seit 150 Jahren (Seite 18)

2 Grand' Place
Der Welt schönster Marktplatz, Denkmal einer glorreichen Vergangenheit (Seite 28)

3 Sablon
Zielpunkt für Leute mit Geschmack und Geld, Zentrum des Antiquitätenhandels ist der Platz Grote Zavel (Seite 30)

4 Quartier des Marolles
Schon Pieter Bruegel fand in diesem »vergessenen« Stadtteil im Herzen der Stadt seine Motive (Seite 31)

5 Metro
Ein Kunsterlebnis besonderer Art und einmalig für Europa sind die U-Bahn-Stationen (Seite 25)

6 Palais de Justice
Größer als der Petersdom steht dieses Gesamtkunstwerk auf dem früheren Galgenberg (Seite 19)

7 Saint-Michel
Die Hauptkirche der Stadt ist der schönste gotische Bau mit reicher Ausstattung an Bildwerken (Seite 23)

8 Parc de Laeken
Mitten in dem schönen Waldpark steht das klassizistische Schloß des belgischen Königs (Seite 27)

9 Place des Martyrs
Der Martelaarsplein, einst ein architektonisches Kleinod, Sitz der flämischen Regierung (Seite 30)

10 Grimbergen
Ein Bilderbuchkloster, das zu den eindrucksvollsten Bauwerken des belgischen Barock zählt (Seite 33)

baut, steht im Zentrum. Das Portal mit den sechs korinthischen Säulen wird von zwei Löwen flankiert. Das Relief im Sims soll das »aufrechte« Belgien darstellen. Links das archäologische Museum *Bruxella 1238* mit Funden aus dem Mittelalter *(Führungen Mi 10.15, 11.15, 13.45, 14.30 und 15.15 Uhr, Eintritt 80 bfr)*. Das Gebäude wird von zwei Straßen begrenzt, an denen es mehrere Terrassencafés gibt, links das *Cirio* und rechts das *Falstaff*. *Place de la Bourse, Metro: Bourse*

1801 gegründet, ist die Brüsseler Börse die wichtigste Belgiens

Colonne du Congrès (D 3)

Die 47 m hohe Kongreßsäule soll an den Nationalkongreß – der das belgische Grundgesetz schuf – von 1831 erinnern. Ein Bildnis von König Leopold I. ziert die Spitze, am Fuße brennt die ewige Flamme zu Ehren des Unbekannten Soldaten der beiden Weltkriege. Von dem Platz, auf dem die 1850 errichtete Säule steht, hat man einen schönen Panoramablick auf die Unterstadt. *Place du Congrès, Tram: 92, 93, 94*

Galeries Saint-Hubert (C3–4)

★ Die überdachte Galerie, eingeweiht 1847, gehört zu den ersten Einkaufspassagen Europas. Rund 200 m lang, teilt sie sich in die Galerie du Roi, des Königs, die Prinzengalerie und die Galerie de la Reine, die der Königin. In den mit zahlreichen Statuen, Büsten und Flaggen geschmückten Wandelhallen finden sich exklusive Geschäfte, Cafés und ein Kino. Der beste Aussichtsplatz, guter Kaffee und leckere Sandwiches im *Caris & Caris* (Nr. 29). Die 18 m hohe, bunte Glasüberdachung der Galerie wurde als Vorbild für die Mailänder Galleria Vittorio Emanuele genommen. Die Freundin des Dichters Victor Hugo, Juliette Drouet, wohnte 1851 in der Galerie des Prinzen. *Zwischen Rue de l'Ecuyer und Marché-aux-Herbes gelegen. Metro: Gare Centrale*

Manneken Pis (B 4)

Die meisten Besucher sind enttäuscht, haben sie sich den Knaben doch größer vorgestellt. Die winzige Bronzestatue des pinkelnden Jungen wurde 1619 im Auftrag des Magistrats von Jérôme Duquesnoy geschaffen. Der Petit Julius, kleiner Julius, gilt als Wahrzeichen der respektlosen Brüsseler und war, bevor er zum vielfotografierten Wahrzeichen promovierte, ein normaler Stadtbrunnen. Nachdem 1698 Manneken Pis vom bayerischen Kurfürsten Max Emanuel erstmals eine Uniform geschenkt bekam, hat sich dieser Brauch eingebürgert. Die umfangreiche Kleider-

Im Palais Royal steht der Schreibtisch König Baudouins

sammlung (über 500 Teile) kann im Brothaus (Maison du Roi) besichtigt werden. *Rue de L'Etuve, Metro: Bourse*

Palais des Beaux-Arts **(C–D 4)**

Der Palast der »Schone Kunsten« wurde im Art-déco-Stil von Victor Horta, dem Architekten des belgischen Jugendstils, erbaut. Das kulturelle Zentrum (im Haus befindet sich auch das *Filmmuseum,* Eingang *Rue du Baron Horta*) beherbergt verschiedene großartige Säle, für seine Akustik bekannt ist der Saal Henry Le Bœuf. *Rue Ravenstein, Metro: Gare Centrale*

Palais d'Egmont **(C 5)**

In diesem Stadtpalast der Herzöge von Arenberg, erbaut im 16. Jh., befindet sich das Außenministerium. Berühmte Zeitgenossen wie Königin Christine von Schweden, Ludwig XV., Rousseau und Voltaire wohnten hier. Auffallend die breite Marmortreppe des rechten Flügels, eine Nachbildung der Gesandtentreppe von Versailles. Hinter dem Palast liegt ein Garten, der teilweise zur Besichtigung freigegeben ist. Vor dem Palast erstreckt sich bis zur *Rue de la Régence* der kleine Park *Petit Sablon.* Die Anlage aus dem Jahre 1890 dokumentiert in 48 Bronzestatuen die Brüsseler Zünfte, ferner sind die Standbilder von Humanisten wie Mercator und Dodenius sowie der Grafen Egmont und Hoorne zu sehen, die 1568 auf der Grand' Place wegen angeblicher Hetze gegen die Spanier enthauptet wurden. *Petit Sablon 8, Tram: 92, 93, 94*

Palais de Justice **(B–C 5–6)**

★ Der Justizpalast beherrscht das Brüsseler Stadtbild. Erbaut wurde der damals größte Monumentalbau Europas auf dem ehemaligen Galgenberg, oberhalb des Marollenviertels. Architekt war Joseph Poelaert, der mit dem Bau 1866 begann und 1879, vier Jahre vor Bauende, im Wahnsinn starb. Der Justizpalast, um mehr als ein Drittel größer als der Petersdom in Rom, enthält 34 Gerichtssäle und 245 große Büros, ferner acht Bibliotheken und 80 Archive. Der Bau kostete rund 50 Millionen alte belgische Francs. Von der *Place Poelaert* hat man einen weiten Blick über das Marollenviertel. Die Eingangshalle gilt als origineller Treffpunkt. *Metro: Louise*

Palais de la Nation **(D 4)**
Der französische Architekt Barnabé Guimard errichtete 1783 den Palast für den Obersten Rat von Brabant im Stil des Klassizismus. Nach 1830 wurde er zum Nationalpalast, in dem die Abgeordneten und der Senat tagen. Das Gebäude kann an sitzungsfreien Tagen besichtigt werden. *Rue de la Loi 16, Metro: Parc, Tram: 92, 93, 94*

Palais Royal **(D 5)**
Wenn die belgische Fahne auf dem Königlichen Palast weht, weiß man, König Albert II. sitzt in seinem Arbeitszimmer. Im Laufe der Geschichte hat der Palast, bewohnt von einflußreichen Familien, immer eine große Rolle gespielt. Es hatte im frühen Mittelalter mit den Herzögen von Brabant begonnen, die den alten Palast auf dem Coudenberg bewohnten. Jacoba von Bayern flüchtete aus dem Palast, weil sie Herzog Jan IV. nicht mochte. Hier wohnten die Herzöge von Burgund, die Habsburger Kaiser, später die Fürsten der Renaissance. Albrecht Dürer schrieb 1520: »Ich hab gesehen jns königshauss zu Prüssel hinden hinaus die brunnen, labrynth, thiergarten, das ich lustiger ding, mir gefälliger gleich einem paradyss, nie gesehn hab.« Später sagte Kaiser Karl V. über den Palast: »Ein wahrhaft königlicher Hof, so groß, daß Platz genug ist für den Kaiser, die Prinzen, die Königinnen und Hofdamen und alle Offiziere.«

In jenen Jahren muß Brüssel ein architektonisches Juwel gewesen sein, eingebettet in die Hügellandschaft mit Wäldern, Flüssen und Inseln. Vom Hügel, auf dem der Palast steht, hatten die Bewohner einen schönen Blick auf die alte Stadt und den Grote Markt. 1731 wurde der Palast durch Feuer vernichtet. Unter der französischen Fremdherrschaft wurde Brüssel degradiert und war lediglich Standort für den Präfekten van de Dyle. Auch die neue Dynastie unter dem Holländer Willem I. (nach 1815) baute den Palast aus Sparsamkeitsgründen nicht wieder auf. Erst als die Fürsten von Sachsen-Coburg kamen, entstand ein neuer Palast im neoklassizistischen Stil – groß, aber nicht schön. Vollendet wurde er unter Leopold II. 1904 wurde das Schloß mit der Fassade im Stil Ludwigs XVI. versehen.

Das Innere des Palastes beeindruckt vor allem wegen der gewaltigen Dimensionen: Marmor in vielen Farben, edle Parkettflure, kostbare Hölzer, Kronleuchter in allen Größen und viel Goldfarbe. Das rechts neben dem Palast gelegene *Hôtel de Bellevue* ist als Zweigstelle des königlichen Museums für Geschichte und Kunst der Öffentlichkeit zugänglich. *Aug.–Sept. Di–So 10.30–16.30 Uhr Besichtigung der Innenräume des Palastes, tgl. um 14.30 Uhr findet die Wachablösung statt. Einritt frei, Place des Palais, Metro: Trône, Tram: 92, 93, 94*

Porte de Hal **(A–B 6)**
Das Hallepoort ist das letzte noch erhaltene Stadttor Brüssels. Dieser Festungsturm aus dem 14. Jh. wurde renoviert und beherbergt heute das Folkloremuseum. *Di–Sa 10–17 Uhr, Eintritt 120 bfr, Av. de la Porte de Hal, Metro: Porte de Hal*

Résidence Palace **(F 4–5)**
Der 1920 erbaute Wohnturm war Vorbild für das Rockefeller Center in New York. In dem exklusiven Appartementhaus im Art-déco-Stil gab es ein Hotel, Restaurant, Geschäfte. Auf dem Dach befand sich der Tennisplatz und im Keller das Theater und ein türkisches Bad mit herrlichen Mosaikarbeiten. Im Theater werden heute die bekannten Sonntagskonzerte veranstaltet, auch das Schwimmbad wird noch benutzt. *Rue de la Loi 155, Metro: Schuman*

Théâtre Royal de la Monnaie **(C 3)**
Die nationale Oper trägt ihren Namen nach dem ehemaligen Münzgebäude, das 1531 abgerissen wurde. 1698 wurde das erste Schauspielhaus gebaut, 1819 das neue eingeweiht. Das Theater war Schauplatz des historischen Ereignisses vom 25. August 1830: Nachdem in der Oper »Die Stumme von Portici« das Lied »Zu den Waffen« erklungen war, stürmte das Premierenpublikum mit außerhalb wartenden aufgebrachten Brüsselern die Häuser, in denen damals die holländische Besatzungsmacht residierte. Es war der Beginn des Freiheitskampfs der Belgier gegen die ungeliebte holländische Besatzungsmacht. 1855 wurde das Gebäude durch einen Brand zerstört, aber der Architekt des Justizpalastes benötigte für den Wiederaufbau nur ein Jahr.

Das schöne neoklassizistische Gebäude mit dem erhalten gebliebenen Säulenvorbau wurde inzwischen mit großem finanziellen Aufwand renoviert. Die Eingangshalle gestaltete der Amerikaner Sol Lewitt mit einem schwarzweißen Bodenmosaik, das Deckentriptychon malte sein Landsmann Sam Francis. In alter und prunkvoller Pracht ist der Zuschauerraum erhalten geblieben, ebenso wie die Loge des Königs. Auf dem Giebel wird die »Harmonie der Leidenschaft« dargestellt. *Eintrittskarten Tel. 229 12 11 oder 229 12 00, Place de la Monnaie, Metro: De Brouckère*

FRIEDHOF

(**O**) Angrenzend an das im Verfall begriffene Viertel von *Laeken* befindet sich der Gottesacker. Zwischen Haupteingang und der Kirche *Notre-Dame de Laeken,* im

Der Friedhof von Laeken mit dem »Denker« von Rodin

19. Jh. gebaut, flackert die Flamme für die belgischen Gefallenen im Nordafrika-Feldzug. Der Friedhof ist eine große Steinwüste, bestehend aus Kapellen, Sarkophagen, Marmorkreuzen und Statuen. Engel beklagen tote Generäle, Künstler und Bürger. In der Königlichen Krypta liegen auch die letzten Könige Albert I und Baudouin begraben. Herausragende Grabstätten sind die von Henriette Ghemer und Jef Dillens – letztere geschmückt von Rodins »Le Penseur«. *Parvis Notre-Dame de Laeken, Tram: S 1, Metro: Bockstael*

KIRCHEN

Basilique Nationale du Sacré-Cœur (O)

Die Brüsseler nennen ihre Kirche zum Heiligen Herzen die »Basilika vom Koekelberg«. Mit dem Bau wurde 1905 begonnen, aber mehr als 50 Jahre stand das Bauwerk im Art-nouveau-Stil (Architekt Albert van Huffel) eingerüstet. Während der langen Bauzeit wurden mehrere Stiländerungen vorgenommen *(tgl. 8–18 Uhr im Sommer)*. Schöner Blick von der Kuppel *(nur im Sommer Mo–Fr 11–15 Uhr). Koekelberg, Metro: Simonis*

Notre-Dame de la Chapelle (B 5)

Die Kapellenkirche liegt am Rande des Marollenviertels. In einer Seitenkapelle vermutet man das Grab des Malers Pieter Bruegel und seiner Frau Maria Coucke. Dort, wo einst eine romanische Kapelle stand, wurde die heutige gotische Kirche (1421–83) mit dem 1599 vollendeten Barockturm erbaut. An der Fassade fallen die grimassenschneidenden Häupter auf. Die Restaurierungsarbeiten an einer der ältesten Kirchen (Grundsteinlegung 1134) sind abgeschlossen *(Sommer tgl. 10–17 Uhr, Winter 14–15.30 Uhr). Place de la Chapelle, Tram: 92, 93, 94*

Notre-Dame du Sablon (C 5)

An der Grenze zwischen dem Kleinen und dem Großen Sablon-Platz erhebt sich die Zavelkirche. Das spätgotische Bau-

Die Basilika zum Heiligen Herzen

werk war die Kirche der Zunft der Armbrustschützen, auf dem Sandplatz (Zavel) hatten sie ihr Übungsfeld. Die Kirche entstand im 15. Jh. und ist bekannt wegen ihrer wundertätigen Madonna. Eindrucksvoll, wenn am Abend die bunten Glasfenster in der fünfschiffigen Kirche von innen bestrahlt werden. *Tgl. 9–17.30 Uhr, Rue de la Régence, Tram: 92, 93, 94*

Sainte-Catherine **(B 3)**
Die Katharinenkirche, unweit der Börse gelegen, beherrscht mit dem langgestreckten Schiff den Fischmarkt. Die Kirche, an deren Restaurierung gearbeitet wird, stammt aus dem 14./15. Jh. Der dreischiffige Bau wurde von dem Architekten Joseph Poelaert 1854 in einem Mischstil aus Gotik und Renaissance erbaut, nachdem er um 1800 fast zerfallen war. Unter den Kirchenschätzen ist vor allem die schwarze Madonna aus dem 14. Jh. bemerkenswert. *Tgl. 8–17 Uhr, Place Ste-Catherine, Metro: Ste-Catherine*

Saint-Jean-Baptiste au Béguinage **(B 2)**
Die Begijnhofkirche zählt zu den herausragenden Sakralbauten im flämisch-italienischen Barockstil. Die Kirche, die Teil des nicht mehr vorhandenen Begijnhofes ist, wird zur Zeit restauriert. Der Bau beeindruckt durch seine Weitläufigkeit. Auffallend die zahlreichen holzgeschnitzten Beichtstühle, der Chor, die mächtige, aus Holz gearbeitete Kanzel, die vielen Grabplatten und Gemälde, unter anderem von Van Loon, einem Brüsseler Maler und Zeitgenossen des Architekten Fayd' Herbe, nach dessen Plänen die Kirche zwischen 1657 und 76 erbaut wurde. Choralmusik ertönt aus Lautsprechern. *Mi–Fr 9.30–17 Uhr, Place du Béguinage, Metro: Ste-Catherine*

Saint-Michel **(D 3)**
★ Am Abhang zwischen Unter- und Oberstadt steht eindrucksvoll die Michaels-Kathedrale. Die Hauptkirche der Stadt birgt im Inneren zahlreiche Kunstwerke. Inzwischen sind die jahrelangen Restaurierungsarbeiten der Fassade abgeschlossen worden, und das Haus strahlt im hellen Glanz. Der mächtige Bau wurde vom 13. bis 15. Jh. im Stil der Brabanter Gotik errichtet. Der Chor ist romanisch, das Langhaus frühgotisch, im flämisch-gotischen Stil die beiden stumpfen Türme. Teile der Kathedrale werden noch restauriert. Beeindruckend die Fülle an Kirchenfenstern. Ein Teil der bleiverglasten Fenster stammt noch aus dem 16. Jh., jene im Chor zeigen Herrschergestalten aus der flämischen Ge-

schichte, im Querschiff Karl V. sowie seine Frau und seinen Schwager Ludwig II. mit dessen Frau Maria. Im Chor, einem eindrucksvollen Beispiel der Hochgotik, befinden sich die Grabmäler des Herzogs Jan II. von Brabant und des Erzherzogs Albrecht. Links vom Chor die im gotischen Stil erbaute Kapelle Notre-Dame de la Délivrance, die Glasfenster aus dem 17. Jh. stammen von einem Rubens-Schüler. Die holzgeschnitzte Kanzel (1699) ist ein schönes Beispiel belgischen Barocks und zeigt die Vertreibung aus dem Paradies. *Mo–Fr 8–19 Uhr, Krypta: Eintritt 40 bfr, Place Ste-Gudule, Metro: Gare Centrale*

In der Kathedrale St-Michel werden die belgischen Könige gekrönt

Saint-Nicolas **(C3)**
Die bescheidene Kirche zählt zu den populären Gotteshäusern im Zentrum, und ihre Geschichte ist eng mit der der Stadt verbunden. Sie steht auf romanischen Fundamenten, wurde im 14./15. Jh. im gotischen Stil erbaut, dann im französischen Bombardement von 1695 zerstört und im alten Stil wieder aufgebaut; heute versteckt sie sich hinter Häusern, die vor der Außenfront stehen. Die Kirche besitzt einen großen Kirchenschatz und beeindruckt durch die Ausstattung, holzgetäfelte Wände und Beichtstühle, eine Madonna (17. Jh.) und einen Christus (16. Jh.). *Tgl. 8–18 Uhr, Rue au Beurre, Metro: Bourse*

METRO

★ Die Brüsseler Metro-Stationen sind Museen, die täglich von rund 450 000 Menschen besucht werden. Die Idee zu diesem unterirdischen Modern-Art-Museum entstand mit dem Bau der Untergrundbahn im Jahre 1965. Die Architekten, die mit der Planung betraut worden waren, hatten die geniale Idee, die U-Bahn-Stationen von Künstlern des Landes gestalten zu lassen. Im Laufe der Zeit sind jene musealen Stationen entstanden, einmalig für Europa – abgesehen vom Vorbild Stockholms, wo die Idee jedoch nicht so konsequent durchgeführt worden ist. In Brüssel ist »Kunst in der Metro« inzwischen institutionalisiert, dazu gibt es Faltpläne, Bücher und organisierte Rundfahrten. Es entstanden in den Jahren Kunstwerke in Glas, Keramik, es wurden Figuren aufgestellt, Wandteppiche gewebt, Skulpturen in Bronze, Stahl und Holz geschaffen. Etwa die Skulptur aus Carrara-Marmor von Hilde von Sumere in Osseghem, im Bahnhof Bourse von Paul Delvaux »Nos Vieux Trams Bruxellois«. Riesenfotos bedecken in Aumale die Station und deuten an, wie die Stadt vor dem U-Bahn-Bau ausgesehen hat: ein Kunstwerk, das Jean-Paul Laenen 1982 als »Metrorama 78« geschaffen hat. Comicbilder aus Tintin sind in Bockstael an die Wand gemalt worden, Paul de Gobert schuf die Landschaft im Bahnhof Vandervelde, und die Station Botanique dominieren die 21 großen Phantasiefiguren »Les Voyageurs«. *Tagesfahrschein 130 bfr, Zehn-Fahrten-Heft 320 bfr, Auskunft: Verkehrsamt T.I.B., Rathaus*

PARKS UND GÄRTEN

Bois de la Cambre **(O)**
Als schönster Stadtpark gilt Ter Kameren, der als Erholungszentrum angelegte Park Bois de la Cambre. Der 124 ha große Park in leicht hügeliger Landschaft mit See (Bootsverleih), Spielwiesen, Reitstall und einem Jogging-Wanderpfad geht in den großen Wald von Soignes über. Die Av. Louise stellt die Verbindung zur Stadt her. An der angrenzenden Av. Franklin D. Roosevelt stehen Botschaftsgebäude, alte Villen und Hörsäle der alten Universität. Am Ende der Av. Louise steht die Zisterzienserabtei *La Cambre.* Die Kirche stammt aus dem 14. bis 16. Jh., die Klostergebäude sind klassizistisches 18. Jh. Westlich der Avenue Louise steht das *Museum Constantin Meunier,* zu besich-

tigen sind das ehemalige Wohnhaus und die Ateliers des Künstlers. *Tram: 23, 90, 93*

Botanique **(D 2)**

Das Kulturzentrum der französischsprachigen Brüsseler ist in den renovierten Glasgewächshäusern untergebracht. Umgeben wird der Bau von einem 6,4 ha großen Park. Im Kulturzentrum befinden sich mehrere Ausstellungssäle, zwei Theater und ein Kino. Der usprüngliche Botanische Garten wurde 1958 an den Stadtrand verlegt. *Metro: Botanique, Tram: 92, 93, 94*

Bruparck **(O)**

In der 4,5 ha großen Parklandschaft auf dem Gelände von Heysel ist ein kompletter Vergnügungspark für rund 80 Millionen Mark angelegt worden. Bruparck besteht aus vier Freizeitzentren: der Kinostadt *Kinépolis*, dem Schwimmparadies *Oceadium*, der Miniaturanlage *Mini-Europe* und einem historischen Brüssel, *Le Village*.

Kinépolis: Mit 26 Kinosälen und 4500 Plätzen gilt die Kinostadt als der Welt größter Kinopalast. Besondere Attraktion: Die Filme werden auf eine 600 qm große Leinwand projiziert. *Programmauskunft und Eintrittspreise: Tel. 474 26 00 und 0900/352 40, Bd. du Centenaire 1, Metro: Heysel, Auto: Brüsseler Ring, Ausfahrt Nr. 8 Wemmel-Heysel*

Mini-Europe: Auf 2,5 ha sind 300 Bauwerke aus den Ländern der EU im Maßstab 1 : 25 errichtet worden, darunter historische Stadtkerne (Antwerpen), Baudenkmäler (Pisa-Turm, Holstentor, Big Ben, Athener Akropolis u. a.), ferner Hafenanlagen, ein Flughafen, die Ariane-Rakete. *Tgl. 30. März–5. Jan. 9.30–18 Uhr, Juli–Aug. bis 20 Uhr, Sa und So bis 21 Uhr, Eintritt 390 bfr, Kinder bis 12 Jahre 290 bfr (incl. Atomium), Tel. 478 05 50 und 477 03 77*

Oceadium: Der Besucher soll sich nach dem Willen seiner geistigen Väter in diesem 7000 Quadratmeter großen tropischen Schwimmparadies wie im Urlaub unter Palmen fühlen. Außerdem Sauna, Wellenbad, Rutschbahn. *Tgl. 10–20 Uhr, Eintritt ab 450 bfr, Tel. 478 43 20*

Le Village: Hinter den Fassaden des alten Brüssel verbergen sich Restaurants, Snackbars, Kneipen, Souvenirshops und Boutiquen.

Parc de Bruxelles **(D 4)**

Der schöne Brüsseler Stadtpark wurde im 15. Jh. von den Herzögen von Brabant als Jagdgehege mit Seen, Grotten und Wald angelegt. Er liegt zwischen dem Königsschloß und dem Palast der Nationen.

1830 fanden hier die ersten Kämpfe zwischen holländischen Truppen und patriotischen Brüsselern statt. Ende des 18. Jhs. wurde der Park, Teil des architektonischen Gesamtkunstwerkes »Warande«, vom Gartenarchitekten Zinner im geometrisch-französischen Landschaftsstil umgebaut. Im Zentrum ein schöner Springbrunnen, über den Park verteilt zahlreiche namenlose Skulpturen von einheimischen Künstlern. *Im Sommer finden Konzerte statt.*

Das Königliche Parktheater, *Théâtre Royal du Parc*, ein intimes Schauspielhaus, befindet sich im Park an der Ecke *Rue de la Loi/Rue Ducale, Metro: Trône, Parc*

Parc Duden (O)
Im Süden des Vorortes Forest liegt der Dudenpark, benannt nach einem deutschen Industriellen. Die 23 ha große Park-Wald-Landschaft war im 16. Jh. Jagdrevier von Kaiser Karl V.
Forest, Tram: 18, 52, Bus: 48, 50, 54

Parc de Laeken (O)
★ ◉ Die Königliche Domäne Laeken gehört zu den geschlossenen Park-Wald-Landschaften der Stadt. Mittelpunkt ist das Schloß der Königsfamilie, ein klassizistischer Bau (1782 bis 84), erbaut für den Statthalter Herzog Albert von Sachsen. Im Park hat König Leopold II. der Nachwelt das schönste und größte Glashaus der Belle Époque hinterlassen: die »gläserne Stadt«. Der König, der 25 Jahre lang an seinen Gartenanlagen bauen ließ, bestellte die Pflanzen nach Katalog und investierte Un-

Die Treibhäuser König Leopolds II. schluckten Unsummen

summen in exotische Arten. Tagtäglich soll er die Arbeiten an und in den 36 Gewächshäusern überwacht haben. Die Pflanzen sind so angelegt, daß sie vom Frühjahr bis Spätherbst in Blüte stehen und sich die Farben dabei vom Hellen zum Dunklen wandeln. Ein rund 700 m langer Weg verbindet die gläserne Stadt, ein Gang unter Glas und durch Blumen und Hunderttausende von Blüten. Eine Welt aus Duft, Farben und Licht bestimmt die Atmosphäre dieses vielleicht schönsten botanischen Gartens der Welt mit Pflanzen in einem zusammenhängenden Innenraum von knapp zwei Kilometer Länge – zwei ha Fläche unter vier ha Glas.

Höhepunkt der gläsernen Stadt ist der 1876 erbaute Wintergarten, erdacht vom Art-nouveau-Architekten Alphonse Balat: 57 m im Durchmesser und 25 m an Höhe mißt die Rotundenkuppel, die auf 36 dorischen Säulen ruht. Vor dem Schloß (es kann nicht besichtigt werden) steht auf einem Hügel das Denkmal für Leopold I. Schöner Blick auf Brüssel. Am Nordrand der Gärten stehen der Chinesische Pavillon und der Japanische Turm. *Die Treibhäuser können einmal im Jahr zwei Wochen, zwischen Ende April und Anfang Mai, besichtigt werden. Auskunft unter Tel. 513 89 40. Di–So 10–16.45 Uhr, Tram: 52, 92, Bus: 53*

PLÄTZE

De Brouckère (C3)

Der an diesen Platz anschließende *Bd. Adolphe-Max* mit der historischen Passage *Du Nord* und der *Bd. Anspach* bilden den quirligsten Teil der Stadt. Vor allem am Abend, wenn die Leuchtreklamen flimmern, glaubt man sich in einer Metropole. Aus den Fehlern der 70er Jahre wurde gelernt: Die letzten Gebäude der Belle Époque werden restauriert. *Metro: De Brouckère*

Grand' Place (C4)

★ Der Große Platz gilt zu Recht als ein berühmter und beliebter Platz in der Welt. Fast ein Rechteck, führt von ihm ein Wirrwarr von Gassen in die Altstadt. Die Gebäude legen Zeugnis von einstiger Macht und dem Einfluß der Zünfte ab. Der Stil der Zunfthäuser ist eine Mischung aus Spätgotik, Barock und Renaissance. Der rund 110 m lange und 70 m breite, autofreie Marktplatz ist die Rekonstruktion eines mittelalterlichen Platzes, der am 13. und 14. August 1695 vom französischen Marschall de Villeroy auf Befehl König Ludwigs XIV. bombardiert wurde und mit weiteren 4000 Häusern der Innenstadt in Flammen aufging. In der Rekordzeit von acht Jahren wurde die Stadt wieder aufgebaut, diesmal allerdings in Stein mit Fassaden im damals modischen flämisch-italienischen Barockstil. Wert wurde dabei vor allem auf die Ausschmükkung der Giebel gelegt. Bauherren waren die mächtigen Zünfte der Stadt, wie die Bierbrauer, die Bäcker, die Schlachter, Möbelmacher und Schreiner.

Le Roi d'Espagne, Nr. 1 und 2, ist das Haus der Bäcker. An der Fassade das Porträt von Karl II., spanischer König, mit zwei schwarzen Gefangenen. Markanter Giebelabschluß ist die achteckige Kuppel mit der goldenen Statue.

La Brouette, Nr. 3, war das Zunfthaus der Fetthersteller und ist im flämischen Renaissancestil 1697 erbaut worden. In einer Nische der hl. Ägidius, Schutzpatron der Innung.

Le Sac, Nr. 4, ist das Innungshaus der Faßbinder und Tischler.

La Louve, Nr. 5, im italienisch-flämischen Stil, ist das Gebäude der Bogenschützen. Den Namen »Die Wölfin« erhielt es wegen des Reliefs über der Tür.

Le Cornet, Nr. 6, Haus der Binnenschiffer, einige Fassadenelemente in der zweiten Etage deuten darauf hin. »Le Cornet« bedeutet hier »Füllhorn«.

Le Renard, Nr. 7, der Fuchs, war Innungshaus der Kurzwarenhändler. Besonders schön die Front mit den fünf Statuen: in der Mitte Justitia, neben ihr – symbolisch dargestellt – die vier damals bekannten Erdteile. Schutzpatron St. Nikolaus steht ganz oben.

L'Étoile, Nr. 8, der Stern, hier trafen sich die Schöffen. Es wurde 1852 abgebrochen und 1897 wieder aufgebaut.

Le Cygne, Nr. 9, Innungshaus der Metzger. Im »Schwan« waren Karl Marx und Friedrich Engels zu Gast, dort wurde die belgische Gewerkschaft gegründet.

L'Arbre d'Or, Nr. 10, der »goldene Baum«, ist auch heute noch Sitz des Brauereibundes. *La Rose, Nr. 11, Le Mont Thabor, Nr. 12,* waren Bürgerhäuser.

Die Stirnseite des Großen Platzes nimmt die aus sechs Gebäuden bestehende *Maison des Ducs de Brabant* ein. Die langwierigen und kostspieligen Restaurierungsarbeiten am »Haus der Herzöge von Brabant« wurden im Sommer 1991 abgeschlossen, das aufgelegte Blattgold glitzert seitdem in der Sonne.

Die Nummern 20 bis 23, Cerf Volant (Fliegender Hirsch), *Joseph et Anne* und *L'Ange* (Der Engel), waren Privathäuser. Die Zunft der Schneider besaß *La Chaloupe d'Or* (Das goldene Boot) und *La Taupe* (Der Maulwurf).

Le Pigeon, Nr. 26 und 27, die Taube, war das Gildehaus der Maler; Victor Hugo wohnte 1852 dort während seines Brüsseler Exils. Der französische Schriftsteller verfaßte hier Teile des Zyklus »Les Contemplations«.

An das Haus des Königs, *Maison du Roi,* schließen sich die *Nummern 34–39* an. Die sechs Häuser bilden eine Art Einheit, da hier die dreifache Säulenanordnung auf jeder Etage durchgehalten worden ist. Die Fassaden jener Häuser sind klassische Beispiele des flämischen Barock. Sie heißen *Le Heaume* (Der Helm), *Le Paon* (Der Pfau), *Le Petit Renard* (Der kleine Fuchs), *Le Chêne* (Die Eiche), *Ste-Barbe* und schließlich *Nr. 39 L'Âne* (Der Esel).

Das auffallendste Bauwerk des Marktes ist das Rathaus, ein Meisterwerk der Gotik. Bauherren waren unter anderem Jan van Ruysbroeck, der den eleganten, 91 m hohen gotischen Turm entwarf, und Jacob van Thienen, der den linken Rathausflügel erbaute. Die Spitze des sehenswerten gotischen Stadtturmes ziert eine 5 m hohe Wetterfahne von 1455, die den Erzengel Michael, Schutzpatron der Stadt, darstellt. Im Laufe der Jahrhunderte wurde ständig erneuert und vervollständigt. Sein endgültiges Aussehen erhielt das Stadthaus um 1850 und zu Beginn dieses Jahr hunderts. Im Innenhof zwei Brunnen, die die Flüsse Maas und Schelde symbolisieren; im Inneren Wandteppiche aus dem 16. und 18. Jh., Gemälde, eine reiche Kunstsammlung. *Rundführungen: 1. April–30. Sept. So und Di 10 Uhr, Eintritt: 80 bfr, Metro: Gare Centrale, Bus: 63, 65, 66, 71*

Place des Martyrs (C3)
★ Mitten in der Innenstadt liegt dieses Karree, einst ein schöner Innenstadtplatz, einmalig für Brüssel. Obwohl der Platz und die Stadthäuser, im klassizistischen Stil um 1775 errichtet, 1963 unter Denkmalschutz gestellt wurden, verfiel der Märtyrer-Platz. 1994 wurde mit der Renovierung begonnen, erste Gebäude von der flämischen Regierung bezogen, andere in Appartements umgewandelt. In der Mitte des Platzes befinden sich die Gräber der Opfer des Freiheitskampfes gegen die Holländer von 1830. *Metro: De Broukkère*

Place Rogier (C2)
Die markantesten Hochhäuser der Stadt stehen an diesem windigen Platz. Hier mündet die Einkaufsstraße Rue Neuve. Zwischen dem Rogierplatz und dem Nordbahnhof und in der Rue d'Aerschoot lag einst das Vergnügungs- und Kneipenzentrum. Inzwischen wurde es weitgehend abgerissen, zahlreiche Neubauten sind entstanden. *Metro: Rogier, Gare du Nord*

Sablon (C5)
★ Wohl der bekannteste Treffpunkt von Leuten mit Geld und Sinn für Antiquitäten. Der Zavelplatz ist Zentrum des Brüsseler Antiquitätenhandels. Am Wochenende findet hier ein Antiquitätenmarkt statt. Auf diesem Markt werden die teuren und oft wertvollen Stücke gehandelt: gebrauchtes Handwerkszeug, alte Spitzen, Gemälde, Geschirr, Möbel, Gläser. Rund um den Markt Cafés, Restaurants, Patisserien und Antikläden. Im *Au Pain Quotidien* (Nr. 11) Frühstück und leckere Snacks. Garten *(tgl. 7–19 Uhr)*.

Der trapezförmige und sanft ansteigende Platz wird gesäumt von respektablen Bürgerhäusern. Die querstehende Kirche *Notre-Dame du Sablon* trennt den großen Sablon vom kleinen und parkähnlichen Sablon mit einem Wasserfall und Parkbänken zum Ausruhen. *Tram: 92, 93, 94*

STADTVIERTEL

Quartier Fontainas (A6)
Ein besonders ruhiges Viertel, das sich auf einer Anhöhe im Dreieck zwischen dem Bahnhof *Gare du Midi* und der *Av. de la Porte de Hal* erstreckt. Die Straßen verlaufen nach einem regelmäßigen Muster. Ein gemischtes Wohnviertel mit Ausländern, alteingesessenen Bürgern und jungen Leuten, das vor allem in Richtung Gare du Midi, in der Bahnhofsgegend, sehr lebendig und laut wird. Die Cité Fontainas, einst Wohnplatz für pensionierte Lehrer, wurde in Sozialwohnungen umgewandelt. *Metro: Porte de Hal*

Quartier Léopold (E4–5)
Einst ein beliebtes und vornehmes Wohnviertel, in dem zahlreiche Luxusresidenzen standen. Das Viertel wurde im letzten Jahrhundert erbaut, liegt zwischen *Rue de la Loi* und *Rue du*

Trône und wird von der *Rue du Luxembourg* durchschnitten. Zahlreiche Gebäude sind zerstört, einige schöne Wohnhäuser stehen an der *Place Frère-Orban.* Hinter dem Bahnhof *Gare du Quartier Léopold* erhebt sich das Kongreßgebäude. Der angrenzende Leopoldspark wurde als Tiergarten angelegt, aber die einzigen Tiere sind rekonstruierte Dinosaurier, und die sind im Naturhistorischen Museum hinter dem Park zu sehen. *Metro: Trône, Arts-Loi*

Quartier des Marolles **(B 5–6)**

★ ✪ Bei den Brüsselern gilt das Marollenviertel längst nicht mehr als Geheimtip. Im Unterschied zur Grand' Place oder dem Kunstberg wird das Viertel selten von Reiseführern behandelt. In diesem Stadtteil, rund um den *Vossenplein*, leben Handwerker, Illegale, Kleinbürger, Immigranten und jene, die das Leben vergessen zu haben scheint. An den Fenstern hängt Wäsche, in den Läden sind die Früchte kunstvoll ausgerichtet, buntes Gemüse symmetrisch gestützt, und aus den Friteusen kommen Schwaden von verbranntem Öl.

Die Grenze zwischen dem Marollenviertel und dem der gutbürgerlichen Viertel verläuft zwischen der *Rue des Minimes*, der *Av. de la Porte de Hal* mit dem eindrucksvollen Stadttor aus dem 14. Jh. bis hin zur *Av. de Stalingrad.* Dazwischen liegt inmitten grauer Schieferdächer und funkelnder Türme die *Place du Jeu de Balle. Täglich, auch am Sonntagmorgen, ist hier Trödelmarkt.* Der Vossenplein, so der flämische Name, gilt als das Herz der Stadt. Leute schieben sich durch den sonntäglichen Nieselregen, Käufer und Verkäufer beleben den Straßenbasar. Männer im Burnus, verschleierte Frauen, Araber und Juden. Kinder drängen ihre Mütter, Väter stöbern zwischen Kühlschränken und Fernsehgeräten. Mit etwas Glück findet man vielleicht einen passenden Stuhl, ein Sofa oder einen Küchenschrank. Es gibt Bilderrahmen und Ölgemälde, hier liest einer in einer arabischen Zeitung, dort dröhnt es aus dem Lautsprecher eines Kassettenrecorders. Es gibt Pornos, Popmusik und Videos zu kaufen. Dann betört ein Duftgemisch aus Kräutern und Parfüms, verbreitet sich der schwere Geruch von Veilchen. Und zwischen den Ausstellungsflächen, in denen gebrauchtes Handwerksgerät, Tintenfläschchen, Töpfe, Pelze, Porzellan, Münzen, Orden, Waffen, Landkarten, Kleider oder Spazierstöcke ausliegen, schiebt sich das bunte Völkergemisch aus Spaniern, Portugiesen und Franzosen. Völker, die schon im Mittelalter hier lebten. In den letzten Jahren sind die Bürger aus dem Maghreb hinzugekommen.

In dem Viertel wohnen rund 10 000 Menschen, jeder dritte lebt hier illegal. Wie im Mittelalter ist das vom Verfall bedrohte Viertel auch heute Zufluchtsort für Verfolgte, wie im Mittelalter haben die Menschen eine besondere Form der sozialen und sexuellen Toleranz entwickelt, entziehen sie sich jeder staatlichen Kontrolle, sprechen sie ihren eigenen Dialekt.

Noch gibt es die schmalen Gassen, die winzigen Häuser mit den großen Familien, die Bewohner, eben die Marolliens, die eine große Schnauze haben, sich weder von Politikern noch Polizisten etwas sagen lassen und die durch die Jahrhunderte gelernt haben, daß sie nichts von denen »da oben« zu erwarten haben, daß sie sich schließlich und immer wieder selber helfen müssen, wollen sie überleben.

Der Flohmarkt bildet mit den angrenzenden Einkaufsstraßen der *Rue Haute* und der *Rue Blaes* das kommerzielle Zentrum des Stadtteils. Als gelungen wird die Restaurierung der früheren Feuerwehrkaserne am Flohmarkt bezeichnet. Dort gibt es elegante Boutiquen, teure Buchläden und exquisite Antiquitätengeschäfte. Die Wohnungen sind hell und modern, für einfache Angestellte aber unbezahlbar. Unruhe verbreiten die hochbezahlten EU-Beamten, sie wecken Neid, rufen Zorn hervor.

Schon im 13. Jh. galten die Marollen als verrufen, so sehr, daß dort ein Galgen aufgestellt wurde; es gab Schlagbäume, und 1628 wurde das Viertel mit einer Mauer vom Rest der Stadt getrennt. Die Menschen sind für ihre Freude am Feiern, für ihre Lebensfreude bekannt. Ihr ausgelassenes Treiben und ihren Spaß finden wir auf den Bildern des bekanntesten Marolliers Pieter Bruegel d. Ä. wieder. In der Einkaufsstraße *Rue Haute 132* steht das renovierte Giebelwohnhaus des Künstlers. Eine Gedenktafel erinnert an den großen flämischen Maler, einen Schüler von Hieronymus Bosch. Der Maler von »Bauerntanz« und »Bauernhochzeit« liegt in der Kirche *Notre-Dame de la Chapelle* am Rande des Viertels begraben.

Zweimal kam der inzwischen verstorbene König Baudouin ins »Herz von Brüssel«, um zu sehen, wie es den Bürgern geht. Ergebnis der königlichen Stippvisite: ein Sofortprogramm für 5,5 Mio. Mark und ein Filmprojektor für das soziale Zentrum. *Metro: Porte de Hal, Bus: 20, 48*

ZIELE IN DER UMGEBUNG

Beersel (O)

Im reizvollen Tal der Senne liegt dieser Ort. Bekannt ist Beersel (21 000 Ew.), knapp 10 km vom Stadtzentrum entfernt, für seine lange Biertradition – hier

Romantisch: das Schloß in Beersel

werden Lambic und Gueuze gebraut – und sein romantisches *Wasserschloß*. Erbaut um 1300 von Godfried van Hellebeke, diente es der Verteidigung von Brüssel. Der markante Bau mit den drei hohen Ecktürmen und ganz aus Ziegeln errichtet, war im Besitz der Kammerherren von Kaiser Karl V. und von Mönchen; zuletzt war dort eine Spinnerei untergebracht. Im *Burgmuseum* eine Ausstellung von Folterwerkzeugen, im Ort urige Schenken, in denen Spezialbiere und Quarkbrote serviert werden. *Di–Fr 10–12 und 14–18 Uhr (März bis Nov.), Tram 55 bis Uccle, dann weiter mit dem Bus*

Gaasbeek (O)
Zu den beliebten Ausflugszielen zählt auch das Schloß Gaasbeek, 15 km westlich von Brüssel. Die Domäne de Gaasbeek mit einem wunderschönen, 40 ha großen Park im französischen Landschaftsstil (zum Picknick geeignet) stammt aus dem 13. Jh., im 16. Jh. wurde das Anwesen erweitert. Graf Egmont wohnte in diesem Schloß, später wurde er auf der Grand' Place von Brüssel als angeblicher Verschwörer gegen die spanische Herrschaft enthauptet. Johann Wolfgang von Goethe regte das Schicksal des Grafen zu seinem »Egmont« an. In dem Schloß befindet sich heute ein *Museum* mit einer umfangreichen Kunstsammlung. *April bis Okt. tgl. außer Mo und Fr 10 bis 17 Uhr, Juli und Aug. auch am Mo*

Grimbergen (O)
★ Ein richtiges Bilderbuchkloster ist die 12 km in Richtung Antwerpen gelegene *Norbertinerabtei von Grimbergen.* Im Jahre 1130 wurde das Prämonstratenserkloster gegründet; im 16. Jh. brannte die Kirche aus und wurde im 17. Jh. wieder aufgebaut; sie zählt zu den eindrucksvollen Bauwerken des belgischen Barocks. Das Dorf mit seinen bäuerlichen Strukturen liegt im reizvollen Pajottenland. Im *Kutschhaus* (Koetshuis) ist ein bäuerliches *Museum* untergebracht, in der alten Wassermühle ein rustikales *Ausflugscafé*, in dem es das bekannte Bier des Dorfes gibt. *Sa–So 14–18 Uhr (1. April bis 30. Sept.); Sternwarte Mira, Abdijstraat 20, Mo–Fr 14–23 Uhr (Juli und Aug. geschl.)*

Halle (O)
Umgeben von der weiten hügeligen Landschaft liegt Halle mit seiner bekannten *St.-Martins-Basilika.* Die 15 km entfernte Sennestadt ist Ziel von Wallfahrern. Die schwarze Madonna (13. Jh.) über dem Hochaltar in der Basilika zieht Gläubige seit dem Mittelalter an. Der Legende nach soll die Holzfigur 32 Kanonenkugeln während einer Belagerung aufgefangen haben. Die Stadt liegt in Wallonien, ihre Einwohner sprechen flämisch. *Mit der Bahn ab Brüssel (Gare Centrale)*

Nivelles (O)
Die Geschichte dieser Kleinstadt, rund 30 km von Brüssel entfernt, ist eng mit dem Kloster verbunden. Die herausragende Sehenswürdigkeit ist die *Stiftskirche St. Gertrudis,* die im 11. Jh. erbaut wurde und ein Vorbild des rheinisch-romanischen Stils ist. Die Kirche wurde in mehreren Phasen errichtet und enthält Überreste aus der Zeit der Karolinger und Merowinger. Samstags Marktbetrieb rund um die Kirche.

Wavre (O)
Ihre Bekanntheit verdankt die Stadt, 22 km von Brüssel entfernt, dem bekanntesten und frequentiertesten Freizeitpark des Landes: *Walibi.* Mehr als 40 Attraktionen gibt es hier, darunter die Loopingbahn Sirocco, Wildwasserbahnen, Höhlen und Tiershows und ein tropisches Schwimmparadies. *Geöffnet 1. April bis Ende Sept., an der Autobahn E 411 Brüssel–Namur*

Zwei Stunden im Museum

Die Meisterwerke von Bruegel, Rubens, Magritte und Ensor, das weltgrößte Comic-Museum, Art déco und andere Überraschungen in 70 ungewöhnlichen Museen

Mit den Königlichen Kunstmuseen, den *Musées Royaux des Beaux-Arts de Belgique*, verfügt die Stadt über eine der großen Kunstsammlungen in Europa. Dort auf dem *Mont des Arts*, dem Kunstberg, der die Ober- von der Unterstadt trennt, sind die Museen für die Alte und für die Neue Kunst miteinander verbunden. Jene bedeutendste Kunstsammlung des Landes ist freilich nur eines von den 70 großen Museen, die die Stadt zählt, und typisches Spiegelbild jenes schöpferischen Genius, für den das Königreich seit mehr als einem halben Jahrtausend berühmt ist. Die Stadt im Fadenkreuz zweier Kulturen, mit kreativen Künstlern und einem aufgeschlossenen Publikum, hat sich in den letzten Jahren an ihr kulturelles Erbe erinnert und ist dabei, die Schätze zu ordnen, um sie im angemessenen Rahmen zu zeigen. Die zahlreichen Kunstwerke wurden in Klöstern, von den Grafen, von den belgischen Königen, von Stahlbaronen und von begüterten Bürgern zusammengetragen. Nachdem Brüssel 1830 Hauptstadt geworden war, wurde mit Elan die moderne Metropole erbaut. Um die Jahrhundertwende war die Stadt Zentrum von Art nouveau und Art déco – ein Höhepunkt ist das Horta-Museum. Beeindruckend ist vor allem die Vielfalt an Museen. In dem im Art-nouveau-Stil erbauten früheren Warenhaus Waucquez hat der Welt größtes Comic-Museum Unterschlupf gefunden. Im Wohn- und Arbeitshaus des Rotterdamer Humanisten Erasmus erhält man einen Einblick, wie das wohlhabende Bürgertum um 1520 gelebt hat, in der David-und-Alice-van-Buuren-Villa, im Art-déco-Stil eingerichtet, bekommt man eine Ahnung vom Lebensstil vermögender Leute Anfang unseres Jahrhunderts. Darüber hinaus zeigt ein Automuseum die umfangreichste Kollektion an fahrbereiten Oldtimern in Europa. Die reichhaltige Kostümkollektion des Manneken Pis schließlich ist in der Maison du Roi zu bestaunen. Zahlreiche Museen

Brüssel bietet alles: von alten Meistern bis Comic

veranstalten Sonderausstellungen; welche lohnen und welche im Gespräch sind – das erfährt man aus den Veranstaltungskalendern der Tageszeitungen. Die Eintrittspreise, aber auch die Öffnungszeiten variieren. Viele Museen haben Montag und an Festtagen geschlossen.

Brouwershuis **(C 4)**
Im Keller vom *De Gouden Boom,* dem goldenen Baum, befindet sich das Brauereimuseum, *Musée de Brasserie.* Am Ende des Rundganges gibt's Bier. *Eintritt 100 bfr, tgl. 10–17 Uhr, Tel. 511 49 87, Grand' Place 10, Metro: Bourse*

Comic-Museum **(D 3)**
★★ Die spannende Geschichte des belgischen Comic strips wird in diesem ehemaligen ★ Warenhaus, das der Architekt des Art nouveau, Horta, 1906 fertiggestellt hatte, anschaulich dokumentiert. Auf 4200 qm unter weiten Glasdächern erstehen die bunten Figuren aus bisher

MARCO POLO TIPS FÜR MUSEEN

1 Autoworld
Was ein Mann allein so alles sammeln kann: die 450 kostbarsten Automobile (Seite 40)

2 Comic-Museum
Lucky, Quick und Flupke, Kapitän Haddock und viele andere Comic-Helden (Seite 36)

3 Maison d'Erasme
Zeugnisse aus dem Leben des großen Renaissance-Humanisten, im Stil des 16. und 17. Jhs. eingerichtet (Seite 37)

4 Musée Victor Horta
Das stilvolle Wohnhaus des berühmten Architekten des Art nouveau (Seite 39)

5 Musées Royaux des Beaux-Arts
Die Schätze des Königreiches über acht Etagen verteilt, ein Besuch ist unerläßlich (Seite 38)

6 Musée Royal de l'Armée et d'Histoire Militaire
Eine Rüstkammer des Krieges, umfangreiche und bedeutende Sammlung an Militaria (Seite 41)

7 Musée Royal de l'Afrique Centrale
Wichtigstes Museum für die Kolonialgeschichte in Afrika (Seite 39)

8 Maison du Roi
Hinter der Fassade des »Hauses des Königs« die bunte Kostümsammlung des Manneken Pis (Seite 37)

9 Waterloo
Napoleon Bonaparte ist hier allgegenwärtig, die Schlacht als Schauspiel inszeniert (Seite 41)

10 Parc du Cinquantenaire
Der »Jubelpark« mit dem monumentalen Triumphbogen glorifiziert belgische Geschichte (Seite 40)

25 000 Comic strips in französischer, niederländischer, englischer Sprache zu abenteuerlichem und zu neuem Leben. In dem 1989 eröffneten Haus haben Tim und Struppi, die Welt der Schlümpfe, Lucky sowie Moris, der Vater von Lucky Luke, und weitere 650 Comic-Autoren einen Platz gefunden. Jährlich besuchen rund 180 000 Freunde der Sprechblasenkultur die Schatzkammer des Comics. In der *Brasserie Horta* belgische Spezialitäten um 320 bfr *(12–15 Uhr, So bis 16 Uhr)*. Umfangreiche Bibliothek zum Thema Comic, Buchhandlung und Souvenirladen. *Di–So 10–18 Uhr, Eintritt 200 bfr, Rue des Sables 20, Tel. 219 19 80, Metro: Rogier, Botanique, Bus: 38, 61*

David et Alice Van Buuren **(O)**

Für einen Ausflug in den Vorort *Uccle* ist die Villa jenes Ehepaares ein guter Anlaß. Das Museumshaus, eingerichtet im Stil des Art déco, beeindruckt durch die große Sammlung von Gemälden aus dem 16. und 20. Jh., darunter auch eine frühe Version vom »Sturz des Ikarus« von Pieter Bruegel d. Ä. Im weitläufigen Garten befindet sich ein Labyrinth. Das Haus wurde 1928 erbaut und ist seit 1973 Museum. *Mo 14–18 Uhr, So 13–18 Uhr (April –Sept.), Eintritt 300 bfr, Av. Léo Errara 41, Tel. 343 48 51, Tram: 23, 90*

Institut Royal des Sciences Naturelles **(F5)**

Am Rand des Leopoldparkes liegt das Königliche Naturwissenschaftliche Institut. Hauptattraktion sind die Saurierskelette. Auch das 20 m lange Skelett eines Blauwals ist zu sehen. 135 Millionen Jahre alt ist das Skelett eines Iguanodon. Außerdem eine umfangreiche Sammlung der Geologie, Mineralogie, Paläontologie, Zoologie, Anthropologie, Seetiere aus Arktis und Antarktis. Es werden Führungen für Blinde angeboten. *Di–Sa 9.30–16.45 Uhr, So 9.30–18 Uhr, Eintritt 120 bfr, Rue Vautier 29, Metro: Trône, Bus: 20, 34, 60, 80*

Maison d'Erasme **(O)**

★ Stilecht ist das Erasmus-Haus im Vorort *Anderlecht* renoviert worden. In diesem flämisch-gotischen Giebelhaus lebte der humanistische Denker Erasmus von Rotterdam und verfaßte dort das »Lob der Torheit«. Das Haus liegt unweit der Stiftskirche Sts-Pierre-et-Guidon und ist mit Möbeln aus jener Epoche eingerichtet. Zu sehen sind Schriftstücke des Denkers, Zeichnungen von Dürer und Holbein, ferner archäologische Funde. *Tgl. außer Di und Fr 10–12 Uhr und 14 bis 17 Uhr, Rue du Chapitre 31, Tel. 521 13 83, Eintritt 50 bfr, Metro: St-Guidon, Tram: 56, Bus: 47, 49*

Maison du Roi **(C4)**

★ Das »Haus des Königs« gehört neben dem Rathaus zu den eindrucksvollen Bauwerken an der Grand' Place, dem Großen Platz. In dem Gebäude, das, nachdem das alte Gildehaus der Bäcker, das »broodhuis«, 1695 zerstört worden war, Ende des 19. Jhs. wieder aufgebaut wurde, ist heute das Stadtmuseum untergebracht. Neben zahlreichen Beispielen zur Entwicklung der Stadt sind besonders die gotischen Skulpturen im Eingang und die Bildhauerarbeiten aus der Epoche des 16.–18. Jhs. hervorzuheben. Ein

Raum ist ganz der Kunst des Wandteppichwebens und der Tapisserien gewidmet, ein weiterer Raum der Brüsseler Malerschule des 15. und 16. Jhs. In der ersten und zweiten Etage wird die Stadtgeschichte und -entwicklung dokumentiert, und dort befindet sich auch die Kleiderkammer des bekannten Brüsseler Manneken Pis. Mehr als 500 Kostüme, die die winzige Brunnenfigur im Laufe der Jahrhunderte umgehängt bekommen hat, sind hier ausgestellt. Sein erstes Gewand soll er angeblich 1698 erhalten haben: die blaue Tracht des bayerischen Kurfürsten. *Mo–Do 10 bis 12.30 und 13.30–17 Uhr, Sa und So 10–13 Uhr, Eintritt 80 bfr, Grand' Place, Metro: Gare Centrale oder Bourse, Tram: 23, 52, 55, 81*

Mont des Arts **(C 4–5)**

Die repräsentative Anlage, mit großer Freitreppe zur Stadt, entstand als »Berg der Künste« zwischen 1956 und 1958 und liegt zwischen der *Place Royale*, dem *Bd. de l'Empereur* und der *Bibliothèque Albert I.*, der Albertine. Zur Anlage im weiteren Sinne gehört auch der große Komplex der Königlichen Kunstmuseen, die ★ *Musées Royaux des Beaux-Arts de Belgique*. Die Schatzkammern des Königreiches gelten als einzigartig. So wurde nach achtjähriger Bautätigkeit 1984 der unterirdische Neubau für die umfangreiche Sammlung »Moderne Kunst« eröffnet. Um einen halbrunden, 40 m breiten Lichtschacht gruppieren sich die Säle mit zeitgenössischer Kunst. Darüber erhebt sich das ebenfalls restaurierte *Palais Altenloh*, in dem die königlichen Kunstsammlungen untergebracht sind.

Es ist sinnvoll, sich einen *Museumsplan* für *10 bfr* zu kaufen, um sich in dem Gebäudekomplex zurechtzufinden. Man kann natürlich nicht alle 17000 Kunstwerke, darunter die 1600 Gemälde alter Meister, die 2660 Arbeiten des 19. Jhs. und der Moderne, die zahlreichen Grafiken und Stiche sowie die Skulpturen, die auf einer Ausstellungsfläche von rund 20000 Quadratmetern zusammengetragen worden sind, besichtigen. Die Ausstellungsstücke sind übersichtlich nach Arbeiten aus dem 15. und 16. Jh., dem 17. und 18. Jh., dem 19. und dem 20. Jh. geordnet. In einem eigenen Raum werden aktuelle Ausstellungen gezeigt. Vom Haus für alte Kunst erreicht man über eine Rolltreppe das neue Museum. Im alten Museum schließen sich die Säle mit den frühen Modernen, den Impressionisten und Expressionisten der Latemse- Schule an – von Emiel Claus mit seinen sonnigen Landschaften bis hin zum nüchternen Permeke. Das Haus beherbergt auch die umfangreichste Sammlung frühniederländischer und flämischer Malerei, darunter die flämischen »Primitiven«. Wichtige Werke sind der »Kalvarienberg« von Hieronymus Bosch, das »Martyrium des hl. Sebastian« von Hans Memling und der berühmte »Sturz des Ikarus« von Pieter Bruegel d. Ä. Vertreten ist auch die italienische Schule mit Tintoretto, Tiepolo und Crespi, ferner Arbeiten der »alten« Deutschen mit Lucas Cranach als Schwerpunkt. Die Ansichten über die Sammlung moderner Arbeiten gehen weit auseinander. Versäumen Sie jedoch nicht, die Werke von James Ensor zu sehen, einem belgischen Expressionisten aus Oostende. Ferner die Sammlung Delvaux und den Saal »René et Georgette Magritte«. Die drei bedeutendsten Werke des belgischen Surrealisten sind dort zu sehen: »La magie noire«, »L'Empire des lumières« und »Le Domaine d'Arnheim«. Ergänzt wird die Sammlung moderner Kunst des 20. Jhs. mit Werken der Cobra-Gruppe, der Gruppe Zero, mit Meisterarbeiten von Max Ernst, Matisse, Gauguin und Dalí. *Di–So 10–17 Uhr, Eintritt 150 bfr, Studenten und Kinder 100 bfr, Rue de la Régence 3, »Moderne Kunst«, Place Royale 1, Di–So 10–13 und 14–17 Uhr, Tel. 508 32 11, Tram: 92, 93, 94; Bus: 20, 34, 38, 71, 60, 95, 96, Metro: Gare Centrale*

Musée Royal de l'Afrique Centrale (O)

★ In der Gemeinde Tervuren steht dieses eindrucksvolle Zentralafrikanische Museum. In dem schloßähnlichen Gebäude, 1910 von König Albert eröffnet, wird ein Teil der belgischen Kolonialgeschichte dokumentiert. In den zahlreichen Sälen gibt es eine umfangreiche Sammlung von Masken und Skulpturen; afrikanische Geschichte, Kunst, präparierte Tiere, Vögel und Insekten. Anschaulich wird das Leben der Eingeborenen der früheren belgischen Kongo-Kolonie, dem späteren Zaïre, dokumentiert. *Tgl. 10–17 Uhr, Festtage 10 bis 18 Uhr, Eintritt 80 bfr, Chaussée de Louvain 13 (Tervuren), Tel. 769 52 11, Tram: 44*

Musée de la Gueuze (O)

Eines der originellen Museen ist das Gueuze-Museum in einer alten Brauerei. Hier wird der Herstellungsprozeß der typischen Brüsseler Biere wie Gueuze, Lambic oder Kriek gezeigt. Biere, die sozusagen »kellerfrisch« getrunken werden müssen. *Mo–Fr 8.30–16.30 Uhr, Sa 10–18 Uhr (15. Okt.–31. Mai) und Sa 10–13 Uhr (Sommer), Eintritt 70 bfr, Rue Gheude 56 (Anderlecht), Tel. 521 49 28, Tram: 18, 23, 58, 90*

Musée Victor Horta (O)

★ Die Stadt beherbergt Museen, die zu den schönen und reichen Europas gerechnet werden können, aber das Wohnhaus, das sich der »Vater« des belgischen Art nouveau 1898 baute und das seit 1969 Museum ist, gehört – auch wenn es zahlreiche Führer nicht erwähnen – zu den besonders wichtigen. Victor Horta hat um die Jahrhundertwende zahlreiche Bürgerhäuser in diesem europäischen Stil gebaut und auch eingerichtet, viele von ihnen wurden aber abgerissen, andere sind in Privatbesitz und selten zugänglich, wie das *Haus Cauchie* oder das *Hôtel Solvay* an der *Avenue Louise 224*. Sein eigenes Wohn- und Atelierhaus konnte Horta nicht so luxuriös einrichten, aber es verkörpert in seiner architektonischen Synthese das Beste seiner Epoche. *Di–So 14–17.30 Uhr, Eintritt 150 bfr (Wochenende 200 bfr), Führungen auf Anfrage, Tel. 537 16 92, Rue Américaine 25 (St-Gilles), Tram: 81, 82, 91, 92, Bus: 54*

Palais des Beaux-Arts (C–D 4)

In dem nach den Vorlagen des Art-nouveau-Architekten Victor Horta erbauten Palast für die schönen Künste finden regelmäßig Konzerte, Theater und Konferenzen statt. Es ist kein Muse-

Der Palast der Schönen Künste

um im eigentlichen Sinne, jedoch für jene, die die belgische Variante des Jugendstils interessiert, einen Besuch wert. Im Gebäude befindet sich das *Kinomuseum. Tgl. werden zwei Vorstellungen gegeben,* in denen Stummfilme (Pianomusik) gezeigt werden. *Tgl. 17.30–22.30 Uhr, Eintritt 90 bfr, Rue de Baron Horta 9, Tel. 507 83 70, Metro: Gare Centrale*

Parc du Cinquantenaire (O)

★ Der »Jubelpark« wurde 1880 aus Anlaß der 50-Jahr-Feier des jungen Königreiches angelegt. Von weitem schon kann man den Triumphbogen mit der Bronzequadriga sehen. Die Frauenfiguren am Fuße der drei Rundbögen symbolisieren die belgischen Provinzen. Links und rechts die Kolonnaden, die Bildnisse weisen auf die Geschichte Belgiens hin. In den monumentalen Gebäuden zu beiden Seiten sind das Museum *Autoworld,* die Königlichen Sammlungen für Kunst und Geschichte, die *Musées Royaux d'Art et d'Histoire,* und das *Königliche Armeemuseum, Musée de l'Armée et d'Histoire Militaire,* untergebracht.

★ *Autoworld.* Nicht nur für Liebhaber des Automobils: In dem ehemaligen Ausstellungssalon Palais Mondial ist seit 1986 eine umfangreiche, interessante und herausragende Automobilausstellung zu sehen. Hervorgegangen aus den Privatsammlungen der Familien Mahy und De Pauw, ist diese prächtige Kollektion von historischen Automobilen entstanden. Alle 450 gezeigten Wagen, die den Zeitraum zwischen 1896 und 1979 umfassen, sind fahrbereit. Ein Walkman in deutscher Sprache informiert, Leihgebühr 100 bfr. Die angeschlossene Buchhandlung widmet sich ganz dem Thema Automobil. Café. *Tgl. 10–17 Uhr (April–Sept. bis 18 Uhr), Eintritt 200 bfr, Tel. 736 41 65, Tram: 81, Metro: Merode*

Musées Royaux d'Art et d'Histoire. Schon von außen außergewöhnlich mit seiner imposanten Eisen-Glas-Konstruktion aus dem Jahre 1880, beherbergt das Museum kostbare Funde aus der Antike, dem Mittelalter, aus Asien und aus dem präkolumbischen Lateinamerika. Mit seiner Vielfalt an Kunstschätzen gehört dieses Museum für Kunst und Geschichte zu den weltberühmten. Die umfangreichen Sammlungen gliedern sich in mehrere große Abteilungen: die europäischen und mediterranen Kulturen von der Frühgeschichte bis zum Altertum, dann der belgische Kulturraum, das christliche Europa und ferner die Kulturen Lateinamerikas und Asiens. Besonders anschaulich sind das gewaltige Stadtmodell von Rom

(400 n. Chr.) und ein Säulengang aus der syrischen Stadt Apamea. Ein außergewöhnlicher Schatz sind die Wandteppiche aus dem 16. Jh. mit der »Legende unserer lieben Frau von Sablon«, »Verklärung Christi« oder »Die Schlacht von Roncevaux« (Säle 16–30). Es gibt regelmäßig Sonderausstellungen. *Di–Fr 9.30–17 Uhr, Sa–So 10–17 Uhr, Eintritt 150 bfr, Gratis-Rundführungen auf Anfrage, Tel. 741 72 11, Metro: Merode, Tram: 81. Südflügel des Palais du Cinquantenaire.*

★ *Musée Royal de l'Armée et d'Histoire Militaire.* Die Geschichte der Kriege soll veranschaulicht werden. Der Zeitraum umfaßt die letzten drei Jahrhunderte Kriegsgeschichte bis zum Zweiten Weltkrieg. Gezeigt wird eine beeindruckende Sammlung von Säbeln, Kanonen, Panzern und Flugzeugen (Hurricane, Spitfire, Mosquito, Starfighter). Die Panzer- und die Luft- und Raumfahrtabteilungen zählen zu den meistbesuchten des Hauses, ebenso die Rüstzeugsammlung, die als die bedeutendste ihrer Art in Europa gilt und thematisch gegliedert ist. Schautafeln erläutern den Aufmarsch von mehreren Kriegsschauplätzen, etwa die Ardennenschlacht. *Di–So 9 bis 12 Uhr und 13–16.30 Uhr, Eintritt frei, Tel. 734 52 52. Metro: Merode, Tram: 81. Nordflügel des Palais du Cinquantenaire*

Waterloo (O)

★ Am 18. Juni 1815 besiegten die Preußen unter Blücher und die Engländer unter Wellington die »Große Armee« Napoleons. Am Kreuzungspunkt der Straßen von Ohain und Charleroi stehen drei Denkmäler, die an jenen historischen Kampf erinnern: die Steinsäule, die an die toten Belgier erinnert, das Denkmal der Hannoveraner und das Mahnmal für den toten Adjutanten Wellingtons. Jährlich wird Waterloo von einer Million Menschen besucht. Von dem berühmten Löwenhügel kann das zwei Quadratkilometer große Schlachtfeld, auf dem 50 000 Soldaten und 15 000 Pferde krepierten, überschaut werden. Der kegelförmig aufgeschüttete Hügel ist 45 Meter hoch, hat einen Durchmesser von 500 Metern, und 226 Stufen führen zu dem Bronzelöwen hinauf. Unterhalb des Löwenhügels ist das Besucherzentrum eingerichtet. In dem Rundbau ist ein beeindruckendes Panoramabild von der Schlacht zu sehen. *Löwenhügel, Panoramamuseum: tgl. 10.30–17 Uhr (April), 9.30 bis 18.30 (Mai–Sept.), 9.30–17 Uhr (Okt.), 10.30–16 Uhr (Nov. bis März), Eintritt 300 bfr, Route du Lion 252–54, Tel. 385 19 12 oder 385 00 52*

Wachsfigurenkabinett: die Besprechung Napoleons mit seinen Generälen: April–Okt. tgl. 9.30–18.30 Uhr, Nov.–März tgl. 10–17 Uhr, Eintritt 60 bfr, Route du Lion 315

Wellington-Museum: ehemaliger Gasthof, der dem Herzog von Wellington als Befehlszentrum diente: Jan. bis März tgl. 10.30–17 Uhr, April bis Okt. tgl. 9.30–18.30 Uhr, Eintritt 80 bfr, Chaussée de Bruxelles 147

Ferme du Caillou: Hauptquartier Napoleons: April–Okt. tgl. 9.30 bis 19 Uhr, Nov.–März tgl. 13.30–17 Uhr, Eintritt 60 bfr, Chaussée de Bruxelles 60

18 km südl. von Brüssel, Buslinie W ab Place Rouppe

RLOO
König
Pilsener
ALKEN
De Telegraaf
Teveel studiegeld
sneller aflossen

Wohin gehen wir essen?

Für Gourmets ist Brüssel ein Schlemmerziel. Rund 1800 Restaurants laden Sie ein

Kunst und Küche sind in Brüssel bereits vor Jahrhunderten eine glückliche Verbindung eingegangen, wie die Bilder der flämischen Meister beweisen: die fröhlichen Zecher, die bunten Marktszenen, die üppigen Festgelage, die naschhaften Köchinnen und die Stilleben, in denen immer wieder Essen und Trinken eine große Rolle spielen. Wer hätte nicht Pieter Bruegels pralle Szenen des bäuerlichen Lebens vor Augen, Abel Grimmers Bild »Die Ernte«, Jacob Jordaens' bacchantisches Gemälde »Der König trinkt« oder Rubens' Kirmesbilder, wenn er an die gute Küche hier denkt? Die Brüsseler sind anspruchsvoll im Essen und Trinken.

In dieser Stadt zählt man ungefähr 1800 Restaurants und Bistros. Diese hohe Zahl illustriert die Bedeutung der Gastronomie. Das üppige Essen, das aus dem Brüsseler Geschäfts- wie Geistesleben nicht wegzudenken ist und im familiären Bereich am Sonntag (daher haben die meisten guten Adressen sonntags geschlossen) seine Fortsetzung findet, ist aus dem Tagesablauf nicht fortzudenken.

In den renommierten Restaurants treffen sich die Vertreter der neuen Elite – Minister, Lobbyisten, EU-Politiker, Industrielle, Spitzenbeamte, aber auch arrivierte Künstler –, um Politik beim Essen zu machen. Das Gesetz des Tages ist hier nicht die Arbeit, sondern ihre Unterbrechung. Und bei einem feinen und raffinierten Menü läßt sich trefflicher über Haushaltspläne, Olivenschwemmen oder Getreideberge sprechen als in der Kantine. Ob die Begegnung mit der einheimischen Gastronomie positiv ausfällt, bleibt stets Glückssache. In jedem Fall sind die Bistros uriger, stimmungsvoller, aber auch chaotischer und voller als anderswo.

Die Grande Cuisine mit *Comme Chez Soi*, mit *La Truffe Noire, Bruneau*, mit *Maison du Cygne* ist ebenso vertreten wie die Muschelküche von *Léon* oder *Ogenblik* als feines Bistro. Geht

Essen wird großgeschrieben. 1800 Restaurants und Bistros warten auf Sie

man nach den mit Kochmützen, Iris, Löffeln oder Sternen ausgezeichneten Restaurants, so zeigt sich: In keiner anderen europäischen Stadt vergleichbarer Größe gibt es so viele gute Adressen. Allein der »Michelin« zeichnete zwei Häuser mit der höchsten Wertung, drei Sternen, aus. Hinzu kommen noch fast ein halbes Dutzend Gourmettempel mit zwei und mehr als ein Dutzend Häuser mit einem Stern. Da fällt die Wahl schwer. Wie aber sucht man das richtige Lokal aus? Eine Hilfe sind natürlich die Gourmetführer, die hier angeführten Restauranttips und ein gutes Gespür. Ein Brüsseler, der ein ihm unbekanntes Restaurant besuchen will, handelt nach folgenden Regeln: Skeptisch sollten jene Etablissements machen, deren Türen mit allerlei Empfehlungsschildern versehen sind. Obligatorisch ist der Blick auf die Speisekarte. Stimmen die Preise mit dem Ambiente des Restaurants überein? Ist ein Lokal zur Essenszeit leer, ist Argwohn angebracht. Vorsicht ist auch angezeigt in den »Freßgassen« rund um die Grand' Place, wo die Wirte mit üppigen Fisch- oder Wildauslagen locken. Ein Großteil jener Restaurants sind böse Touristenfallen.

Die Qualität der Kochkunst wird auf die Vielfalt der Regionalküche zurückgeführt, ein Eintopfgericht der Champagne hat

MARCO POLO TIPS FÜR RESTAURANTS

1 Aux Armes de Bruxelles
Klassisch geben sich die Ober, klassisch die Gäste und auch das Essen (Seite 51)

2 Oyster-Bar
Stehimbiß für Austernfans (Seite 55)

3 Café du Dôme
Außergewöhnlich kalorienarm in Jugendstil-Umgebung (Seite 51)

4 Chez Léon
Keine große Auswahl: Es gibt (fast) ausschließlich Muscheln (Seite 52)

5 Claude Dupont
Ein Klassiker bei den Feinschmeckern von Brüssel (Seite 49)

6 De Ogenblik
Ein Bistro, von dem sich der Liebhaber wünscht, es wäre sein Stammlokal (Seite 49)

7 La Quincaillerie
Die schönen Kellnerinnen stehlen den Speisen die Show (Seite 53)

8 Au Stekerlapatte
Voller Atmosphäre, gemütlich und gute Auswahl an Deftigem (Seite 53)

9 Halloween
Wer zum Essen Spektakel liebt (Seite 52)

10 Ultième Hallucinatie
Auch für Einzelgänger. Schönstes Art-nouveau-Dekor (Seite 54)

nichts mit einem *hutsepot* (Eintopf) gemeinsam. Geachtet wird auf das Produkt und nicht darauf, »Light-Gerichte« auf den Tisch zu bringen. Die Brüsseler Kochkunst ist konservativ und fast immer ein Attentat auf jede schlanke Linie.

Die enge Beziehung der Brüsseler zum Eßbaren äußert sich auch in den Namen der Straßen und Plätze. Bei einem Spaziergang überquert man die *Rue Chair et Pain*, die Fleisch- und Brotstraße, gerät in die *Impasse des Groseilles*, die Johannisbeergasse, läuft die *Rue des Harengs*, die Heringsstraße, entlang, wandert über die *Rue du Marché aux Poulets*, Straße des Hühnermarktes, um dann in der *Rue des Poissonniers*, der Fischhändlergasse, endlich einen kräftigen Appetit zu verspüren.

In den Bäckereien gibt es die gewürzten *speculaas*, Spekulatius, die karamelisierten *pains à la grecque* (Brüsseler Grachtenbrot), die *assekoeken*, runde Kuchen, oder die *manos*, in denen Schlagsahne und eine Nuß verarbeitet sind. Weiter findet man Brabanter Weintrauben, die in Treibhäusern heranreifen, im Frühjahr Hopfentriebe, Rosenkohl im Winter und das ganze Jahr hindurch Chicorée, flämisch *witloof* genannt. Der Fisch kommt tagesfrisch aus Oostende, die Muscheln, Austern und Hummer aus Zeeland. Es gibt Scholle, Steinbutt und in Brühe und Sellerie gekochte winzige Schaltiere. Ein *boestring* ist ein geräucherter Hering und wird auch im Brüsseler Omelett verwendet: Die Heringe werden in Milch eingelegt, zerteilt, in einer Tomaten-Madeira-Sauce gekocht und zum Omelett serviert. Einfache Gerichte sind auch Karpfen, Kabeljau und Aal. Zur volkstümlichen Küche gehören Fritten und Bier. Auch ein Brüsseler *hutsepot* ist ein gerühmtes Gericht: Rindfleisch, scharf angebraten mit Zwiebeln, dann mit geschmorten Möhren, Sellerie, Rüben, Porree, Wirsing und Bohnen gekocht. Während der Jagdsaison werden Reh, Hase, Damhirsch, Jungtaube nach Hausfrauenart (*pigeonneaux à l'ardennaise*), Fasan nach Brüsseler Art (gespickt mit Weinblättern und Speckstreifen), Wildhase auf Brüsseler Art (mit Madeira und Petersilie) angeboten.

Auf den Speisekarten finden sich auch Leckereien wie Entenpastete mit Portwein, Wildpastete mit Waldpilzen, Wachteln mit Hopfensprossen, Kaninchen in Trappistenbier geschmort oder Schweinenierchen mit Wacholderbeeren gebraten. Groß ist die Auswahl an einheimischem Käse: doppelcremiger Remoudou, Abteikäse von Lo, Santon, Ziegenkäse aus Limburg, Mandjeskäse (aus Magermilch), der scharfe Aette – oder der sanfte *fromage au bureai*, ein Buttermilchkäse.

Die Auswahl an Weinen ist gut und groß, die Preise trinkerfreundlich, auch offene Weine sind häufig von hoher Qualität. Es werden vor allem französische Weine getrunken. Die Desserts sind hervorragend, insbesondere aber die Pralinen zum Kaffee. Nicht nur was den Pro-Kopf-Verbrauch an Champagner angeht, auch im Genuß von Pralinen ist man hier Weltmeister.

Die Brüsseler mögen auch süßes Naschwerk, immerhin verzehren sie statistisch gesehen

Man lockt mit immer frischen Auslagen, denn das Auge ißt mit

jährlich 13 kg Schokolade pur. Zu den Spezialitäten gehören die Brüsseler Waffeln. Diese *gaufres* ißt man mit Zucker oder Sirup, sie schmecken besonders gut an den Straßenständen, die sie frisch zubereiten. Außerdem sind empfehlenswert die Toffeebonbons, die Babeluttes und natürlich Mürbegebäck in jeder Form und für jeden Geschmack.

Noch ein kleiner Ausflug in die Geschichte, um zu erfahren, wie es kommt, daß hier kulinarisches Wunderland ist. Vor dem 16. Jh. konnte weder von einer französischen, geschweige denn einer belgischen Kochkunst gesprochen werden. Die Soßen waren stark gewürzt, um den Speisen den strengen Geruch zu nehmen. Dazu ein Wein, der mehr nach Essig schmeckte denn nach Traubensaft. Die mittelalterliche Küche der Reichen lag vor allem schwer im Magen. Dann kamen die beiden Medici-Damen Catherine und Maria als Ehefrauen der französischen Könige mit ihren florentinischen Köchen an den französischen Hof. Die kulinarische Revolution breitete sich bis nach Gent, Brügge, Antwerpen und Brüssel aus. In geradezu vorbildlicher Art verband sich die flämische mit der italienischen Kochkultur – und wir sind Nutznießer. Hinzu kam, daß der Seeweg nach Indien entdeckt war, man kam günstig an Pfeffer, Zimt, Muskat und weitere Spezereien. Darüber hinaus entdeckte man auch die Vorzüge des Gemüses – davor lediglich bekannt als Frauenkost und Armeleute-Essen, schädlich für die männliche Gesundheit. Neben einheimischen Gemüsearten kamen Brokkoli, Zitronen, Artischocken, grüne Bohnen und Tomaten ins Land. Als Victor Hugo, der Autor von »Les Misérables«, in einem Restaurant unweit der Barricades ein Stück Brot nach dem anderen heißhungrig aß, mußte er sich von seinem Brüsseler Tischnachbarn die Bemerkung gefallen lassen: »Man muß wohl Franzose sein, um soviel Brot zu essen.« Worauf der im Brüsseler Exil lebende Schriftsteller erwiderte: »Man muß wohl Brüsseler sein, um soviel von allem zu essen.«

In den meisten Restaurants ist es schwer, unangemeldet einen freien Tisch zu bekommen: Daher rechtzeitig reservieren!

RESTAURANTS

Kategorie 1
(Ein mehrgängiges Menü für eine Person, ohne Getränke, um 1350 bfr)

L'Alban Chambon **(C 3)**
Im Traditionshotel *Metropole*, Restaurant im stilechten Art déco. Angenehm und hochelegant. *Sa–So geschl., Place De Brouckère31, Tel. 217 76 50, Metro: De Brouckère*

Auberge de Boendael **(O)**
Die Einrichtung ist rustikal, ländlich. In diesem umgebauten Bauernhof kommt man kulinarisch auf seine Kosten. Wildspezialitäten aus den Ardennen. *Sa und So geschl., Square du Vieux Tilleul 12 (am Stadtrand), Tel. 672 70 55*

Les Baguettes Impériales **(O)**
Vietnamesische Küche auf hohem Niveau. Die Kochkunst von Frau Ma Huu Duy ist so hoch, daß selbst die chauvinistischen Franzosen diesem exotischen Restaurant einen Stern verliehen haben. Die Raffinesse liegt in der flämisch-vietnamesischen Kombination. *Di und So abends geschl., Av. J. Sobiesky 70, Tel. 479 67 32, Metro: Stuyvenbergh*

Barbizon **(O)**
Idyllisch inmitten der Brabanter Landschaft gelegen und der Mühe wert, wenn man einmal weg von Brüssel will. In der Saison Wildschweinspezialitäten. Elegante Einrichtung. *Di und Mi geschl., Welriekendedreef 95 (Forêt de Soignes), 3090 Jesus-Eik, Tel. 657 04 62, Anfahrt mit dem Auto*

Brigitinnes **(B 5)**
Eine Brasserie im Art-déco-Stil. Tagesgerichte nach Marktlage, gutes Preis-Leistungs-Verhältnis. Gilt als Geheimtip. *Sa mittag und*

Fritten, ein belgisches Symbol

Sie dienen als Zwischenmahlzeit, König Albert mag sie auch, und die Köche der Haute cuisine sind sich nicht zu fein, die glänzenden, goldgelben und knackigen Kartoffelstäbchen zur Wildtaube zu servieren. Frites, Patat, Pommes frites, Fritten, French fries oder Frieten heißen sie. Der Genuß leckerer Fritten ist unvergleichlich: Sie müssen heiß und knusprig sein, dürfen keinen Nachgeschmack und keinen Fettgeruch haben. Sie müssen frisch aus Kartoffeln geschnitten werden, das Öl muß sauber sein.

Das klassische Rezept: geschälte Kartoffeln in Stäbchen schneiden. In einer Friteuse bei 160 Grad vier Minuten vorfritieren, auf Küchenpapier entfetten, ruhen lassen, nach 30 Minuten bei 190 Grad goldgelb ausbacken. Zuletzt salzen und pfeffern.

Die Gourmettempel von Brüssel

Bruneau **(O)**
Das Restaurant trägt den Namen des Chefs, und selbstbewußt kocht Dreisternekoch Jean-Pierre auch. Sollten Sie einmal einen Platz bekommen, verzichten Sie auf das Menu Dégustation, und wählen Sie Tagesspezialitäten. Terrasse. Ab 2750 bfr. *Di abend u. Mi geschl., Av. Broustin 73, Tel. 4276978, Metro: Simonis*

Comme chez Soi **(B4)**
Beim Spitzenkoch der belgischen Küche einen Platz zu bekommen, um einmal zu erfahren, was es heißt, mit Freuden die Rechnung zu bezahlen, ist schon ein Erlebnis. An zahlreichen Gerichten schmeckt man die fernöstliche Inspiration. Bei Pierre Wynants Gast zu sein, ist ein Fest. Sein im Stil des Art déco eingerichtetes Restaurant ist seit über zwei Jahrzehnten Wallfahrtsort von Gourmets. Menü ab 1975 bfr. *So u. Mo geschl., Place Rouppe 23, Tel. 5122921, Metro: Anneessens*

La Maison du Cygne **(C4)**
Am schönsten Platz der Welt liegt auch das schönste Restaurant. Die Aussicht von der ersten Etage auf die Grand' Place ist ein besonderes Erlebnis. Die Küche ist klassisch französisch. Wählen sollte man Tagesempfehlungen. Mittags gibt es preiswertere leckere Menüs. Menü ab 2200 bfr. *Sa mittag und So geschl., Grand' Place 9, Tel. 5118244, Metro: Gare Centrale*

L'Écailler du Palais Royal **(C5)**
Das feinste und beste Fischlokal der Stadt. Weitgereiste Gourmets schwören, es sei gar das beste der Welt. Kreativität kombiniert mit Kenntnis, so läßt sich die Kochkunst im L'Écailler umschreiben. Ein Genuß sind die Colchester-Austern, dazu ein Château Reynon 1978. Geheimnisvoll und gut schottischer Lachs oder Seezunge à *l'écrasée*. Unbedingt probieren sollte man auch die Garnelenkroketten. In der ersten Etage des Restaurants geht es recht klassisch zu, im Parterre bürgerlicher. 3000 bfr muß man für ein Menü anlegen. *So und an Feiertagen geschl., Rue Bodenbroek 18, Tel. 5128751, Tram: 92, 93, 94*

Sea Grill **(C3)**
Beliebt ist dieses Lokal vor allem wegen des frischen Angebots an Seefisch, Hummer und Austern. Wenn alle Tische in diesem postmodern-imposanten Hotelrestaurant besetzt sind, kann es eng werden. Sternekoch Jacques Le Divellec hat das vielfach prämierte Restaurant nicht nur für Eurokraten und Lobbyisten zu einer bekannten Adresse gemacht. Spezialitäten sind bretonischer Hummer, Gänseleber mit gerösteten Schalotten. Ab 2400 bfr. *Sa und So geschl., im Radisson SAS-Hotel, Rue Fossé-aux-Loups 47, Tel. 2273120, Metro: Gare Centrale*

So mittag geschl., Place de la Chapelle 5, Tel. 512 68 91, Metro: Gare Centrale, Bus 20

De Bijgaarden **(O)**
Das Haus mit Stil und französisch-belgischer Küche liegt am Stadtrand und ist Feinschmekkern einen Umweg wert. *So und Sa mittag geschl., Van Beverenstraat 20, Groot-Bijgaarden, Tel. 466 44 85, Anfahrt mit dem Auto*

Castello Banfi **(C 5)**
Italienische Küche in Art-déco-Umgebung mit einem guten Ruf. Wählen Sie mal Spaghetti mit Kaviar. *So abend und Mo geschl., Rue Bodenbroek 12, Tel. 512 87 94, Tram: 92, 93, 94*

Claude Dupont **(O)**
★ Traditionsreiche Adresse im gepflegten Herrenhaus mit großbürgerlichem Anspruch. Die Küche ist konservativ, aber Curry und Safran sind als Gewürze keine Unbekannten. Schwerpunkt: belgische Spezialitäten. *Mo und Di geschl., Av. Vital Riethuisen 46 (Nähe Basilika), Tel. 426 00 00, Tram: 19*

L'Idiot du Village **(B 5)**
Nur mit Manieren und Reservierung. Jeans sind gestattet. Koch Alain Gascoin kombiniert Hasen mit Krabben, Tauben mit Erbsen und Gänseleber mit Vanille. Das Publikum ist jung und erfolgreich. Die Stimmung ist gut, die Bedienung eine Attraktion. *Sa und So geschl., Rue Notre Seigneur 19, Tel. 502 55 82, Metro: Anneessens*

La Manufacture **(A 3)**
Feines Trendlokal der Stadt. Dekor und Publikum sind todschick. Cuisine à la mode: Lamm und Langustinen mit Curryfrüchten, Lachs mit Yoghurt. Große Auswahl an Weinen – um die fünfzig Mark pro Flasche. Wie in allen feinen Restaurants, wird auch hier Französisch gesprochen. *Sa mittag und So geschl., Rue Notre-Dame du Sommeil 12–22, Tel. 502 25 25, Metro: Ste-Catherine*

Meyers Michel **(O)**
Edelbistro, alles ist hier durchgestylt, auch das Publikum. Eine Adresse für Fischliebhaber. In der Nähe vom Parc de Tervuren. *So geschl., Av. Orban 231, Tel. 770 41 30, Anfahrt mit dem Auto*

Mon Manège à Toi **(O)**
Um noch aufzufallen, eine schmackhafte Küche wird vorausgesetzt, müssen sich die Besitzer immer etwas Ausgefallenes einfallen lassen. Hier ist es das Ambiente mit Karussellpferden, Garten. *Sa und So geschl., Rue Neerveld 1, Tel. 770 02 38, Metro: Roodebeek*

Moulin de Lindekemale **(O)**
Das Dekor dieses Feinschmekkerlokals ist die rustikale Einrichtung einer Windmühle am Stadtrand. Immer voll, immer gut. Lamm- und Wildgerichte während der Saison. *Sa und So geschl., Av. J.F. Debecker 6, Tel. 770 90 57*

De Ogenblik **(C 3)**
★ Eine Bistroküche, wie man sie auch in Paris lange suchen muß: abwechslungsreiche Küche, täglich neue Gerichte, gemütliches Ambiente und seit über 20 Jahren in Mode. Im Sommer überwiegen Fischspezialitäten und

im Winter Wild. Die Einrichtung besteht aus Marmortischen, das Salzfaß ist die einzige Dekoration. Zur Lunchzeit kann man hier auch ganz vorzügliche Tagesgerichte um 650 bfr bestellen. *So geschl., Galerie des Princes 1, Tel. 511 61 51, Metro: De Brouckère*

Les 4 Saisons **(C 4)**
Es kommt nicht häufig vor, daß Hotelküchen einen guten Namen haben, aber dieses Restaurant gehört – mit kleinen Schönheitsfehlern – dazu. Das Restaurant ist klein und dunkel, Lunch ab 995 bfr. *Sa geschl., Rue Duquesnoy 5 (Royal Windsor Hotel), Tel. 505 51 00, Bus 95, 96, Metro: Gare Centrale*

Rugbyman Nr. 2 **(B 3)**
Hummer, Hummer und noch mehr Hummer. Klassisch-teures Fischlokal mit Schwerpunkt auf Austern und Hummer ab 1550 bfr. Zubereitet wird »flamed«, »Whiskey«, »à la Flamande«. Die 80 Gäste sitzen hautnah, der Service könnte netter sein. *Tgl. geöffnet, Quai aux Briques 12, Tel. 512 37 60, Metro: Ste-Catherine*

Sirène d'Or **(B 3)**
Ein modernes Restaurant, in dem auf die klassisch gute Weise auf hohem Niveau gekocht und geschmurgelt wird. Spezialität ist die Bouillabaisse. *So und Mo geschl., Place Sainte-Catherine 1 A, Tel. 513 51 98, Metro: Ste-Catherine*

Trente Rue de la Paille **(C 5)**
In diesem rustikalen und gemütlichen Restaurant treffen sich Feinschmecker, die das Bewährte lieben. Große Stammkundschaft. Allerdings: Tradition hat ihren Preis. *Sa und So geschl., Rue de la Paille 30 (Sablon), Tel. 512 07 15, Bus: 20*

La Truffe Noire **(O)**
Als bestes Brüsseler Restaurant mit der »Lilie« 1993 ausgezeichnet. Ein Treffpunkt für elegante

Spezialität: Muscheln!

Menschen, die fein essen wollen. *So und Sa mittag geschl., Bd. de la Cambre 12, Tel. 640 44 22, Tram: 93, 94*

Villa Lorraine **(O)**
Dieser Gourmettempel mit seinem großen Wintergarten übt seit mehr als 35 Jahren eine unwiderstehliche Anziehungskraft auf Snobs, Spesenritter, Diplomaten und Brautpaare aus. Obwohl zwei Sterne, haben wir bei weniger Prominenten schon besser gegessen. Besserung wurde inzwischen signalisiert. *So geschl., Av. Vivier-d'Oie 75, Tel. 374 31 63, Anfahrt mit dem Auto*

Kategorie 2
(Essen ohne Wein durchschnittlich etwa 950 bfr)

L'Amadeus **(O)**
In einer ehemaligen Bilderwerkstatt hat dieses eigenwillige Restaurant Einzug gehalten. Der Eigentümer, Architekt Neirynek, kombinierte alle möglichen Stile miteinander. Unter den Kronleuchtern treffen sich vor allem junge, selbstbewußte Menschen. Die Küche ist einfach, aber phantasievoll. Es gibt Muscheln und Austern aus der Bretagne. Mozart spielt im Hintergrund. *Mo geschl., Rue Veydt 13, Tel. 538 34 27, Tram: 92*

Aux Armes de Bruxelles **(C 3)**
★ Eines der klassischen Lokale, plüschig mit viel Eiche. Die Gäste entsprechen dem Stil. Brüsseler Spezialitäten wie *waterzooi* (Fischeintopf); die Steaks werden mit Bier zubereitet. Berühmt sind gegrillter Steinbutt (1275 bfr) und Muscheln, *moules spéciales*, mit Fritten. Die Ober tragen in diesem Restaurant noch weiße Jacken mit großen goldenen Schulterstücken. *Mo geschl., Rue des Bouchers 13, Tel. 511 55 98, Metro: Bourse*

Astrid Chez Pierrot **(D 3)**
Ein gemütliches und stimmungsvolles Bistro. Daniel und Pierre Brack, zwei Köche mit Ambitionen, kochen zu erstaunlich angemessenen Preisen. *So geschl., Rue de la Presse 21, Tel. 217 38 31, Metro: Madou*

Belle Maraîchère **(B 3)**
Ein Restaurant, das voller Fischgenüsse steckt. Hektische Atmosphäre, da das Personal oft überlastet ist, aber das sollte nicht stören. Spezialität: Fischsuppe. *Mi und Do geschl., Place Sainte Catherine 11, Tel. 512 97 59, Metro: Ste-Catherine*

Café du Dôme **(D 2)**
★ In diesem etablierten Lokal fühlen sich vor allem die frankophilen Endzwanziger wohl und jene, die auf Linie achten, denn hier wird eine kalorienarme Küche geboten. Tagesgericht ab 370 bfr. *So geschl., Bd. Botanique 13, Tel. 218 45 29, Metro: Rogier*

Café d'Egmont **(C 6)**
Brasserie, in der täglich zwischen 18 und 5 Uhr morgens Filme zum Cocktail gezeigt werden. Stimmungsvoll. *Im Hilton-Hotel, Bd. de Waterloo 38, Tel. 504 11 11, Metro: Louise*

Chez Henri **(B 3)**
Populäres Fischrestaurant. Lotte mit Gemüse, Muscheln in der Kasserolle. *Tgl. geöffnet, Rue de Flandre, Tel. 219 64 15, Metro: Ste-Catherine*

Chez Jacques **(B 3)**
Eine der letzten ursprünglichen Fischkneipen am Fischmarkt. Ganz einfach, ganz eng, fröhliche Stimmung. Gut schmecken Muscheln in fünf Variationen und frischer Lachs. Unbedingt reservieren! *So geschl., Quai aux Briques 44, Tel. 513 27 62, Metro: Ste-Catherine*

Chez Léon **(C 3)**
★ Eine Institution mit langer Familientradition. Die Auswahl ist nicht groß. Spezialität sind Muscheln, die hier in zahlreichen Variationen zur Delikatesse werden. *Tgl. geöffnet, Rue des Bouchers 18, Tel. 511 14 15, Metro: Gare Centrale*

Halloween **(B 4)**
★ Wer ein Restaurant zum Fürchten sucht, der findet es hier. In diesen finsteren Räumen speist man in Gesellschaft von Fabelwesen, und die als Mönche verkleideten Kellner reden die Gäste mit *frère* (Bruder) und *sœur* (Schwester) an. Serviert wird dann allerdings durchaus Genießbares wie zum Beispiel Hühnchen mit Flußkrebsen, geräucherte Ente oder Geflügel mit Artischocken. *So geschl., Rue des Grands Carmes 10, Tel. 514 12 56, Metro: Anneessens*

Kasbah **(B 3)**
Mit sinnlichen Düften und dunkler Einrichtung lockt dieses Szenelokal mit marokkanischen Spezialitäten in schicker Atmosphäre über zwei Etagen und an langen Tischen. *Tgl. geöffnet, Rue A. Dansaert 20, Tel. 502 40 26, Metro: Bourse*

Bei Pierre Wynants fühlen sich die Gourmets ganz »wie zu Hause«.

Marmiton **(C 3)**
Das in warmen Tönen gehaltene Restaurant gehört im »Freßviertel« zu dem halben Dutzend Adressen, die auch Brüsseler noch besuchen. Gegrille Fischspezialitäten. Terrasse in der schönsten Passage der Stadt. *Tgl. geöffnet, Rue des Bouchers 43, Tel. 511 79 11, Metro: Gare Centrale*

Petits Oignons **(B 5)**
Ein Restaurant, das als typisch für das sanierungsbedürftige Volksviertel »Marollen« gilt. Der Service ist freundlich und das Essen gut, keine zu hohen Ansprüche. *So geschl., Rue Notre-Seigneur 13, Tel. 512 47 38, Bus: 20*

La Quincaillerie **(O)**
★ Die bildhübschen Kellnerinnen stehlen den teuren Speisen die Show. Aus dem ehemaligen Eisenwarenladen ist eine der originellen Brasserien der Stadt geworden. Das Publikum ist gemischt: Hier speisen Eurokraten ebenso wie Yuppies und Normale. Große Weinauswahl. Für diese Adresse »très très à la mode« gilt: Die Gäste kleiden sich lässig und teuer, Französisch ist erste Sprache. Reservieren ist unbedingt notwendig, und die Rechnung fällt höher aus als erwartet. Außerdem Sonntags-Brunch und Austernbar *(Sept. bis Mai). Sa mittag geschl., Rue du Page 45, Tel. 538 25 53, Bus: 60*

Scheltema **(C 3)**
Groß und reichlich die Auswahl an Fischgerichten. Traditionsreiches Restaurant mit viel Flair und flotter Bedienung. Die Qualität der Küche ist großen Schwankungen unterworfen, dennoch ist es schwer, einen

Kein Reisender verläßt die Stadt ohne die weltberühmten Brüsseler Pralinen. Achtung: kalorienreich!

Tisch zu bekommen. *Tgl. geöffnet, Rue des Dominicains 7, Tel. 512 20 84, Metro: Gare Centrale*

In t'Spinnekopke **(B 3)**
Eine muntere alte Brüsseler Stadtkneipe. Es gibt belgische Gerichte wie etwa das stets köstliche Kaninchen in Gueuze-Bier. *So geschl., Place du Jardin aux Fleurs 1, Tel. 511 86 95, Metro: Bourse*

Au Stekerlapatte **(B 6)**
★ Versteckt hinter dem mächtigen Justizpalast in einer dunklen Gasse findet man dieses urgemütliche Bistro. Szenetreff für Schreiber, Journalisten, Schauspieler, Künstler. Man sitzt auf Tuchfühlung, die Atmosphäre ist stimmungsvoll, und das, was auf den Tisch kommt, schmeckt. Etwa Kalbsniere auf Lütticher Art

Ein Bier wie Champagner

In Brüsseler Wirtshäusern bestellt der Gast nicht einfach ein Bier, sondern ein Kwak, ein Gueuze, ein Lambic oder ein Trappist. Die Bierkarten in den »staminekes« oder »estaminets« führen zahlreiche Spezialbiere an. Biere, die genußvoll degustiert und nicht Glas nach Glas geleert werden. Bier wird in den feinen Restaurants ebenso ohne Kopfschütteln serviert, wie es zum guten Ton bei festlichen Empfängen gehört, neben Säften, Weinen oder Champagner auch Bier anzubieten: Ob König oder Premierminister, auch sie sind sich nicht zu fein, in der Öffentlichkeit ein Bier auf das Wohl von »Fürst Gambrinus« zu trinken, dem Schutzherrn der Biertrinker.

Schätzungsweise rund 300 Bierspezialitäten, gebraut in 123 Brauereien, mit mehr als 160 Geschmackssorten, werden grob unterteilt in Weißbier, Alt, Trappist, Klosterbier, Faro, Lambic Tripel, Kriek, Ale, Gueuze, Stout, Scotch oder Pilsener. Pilsenerbier gilt als »Konfektionsbier«. Brüssel trägt den inoffiziellen Titel einer »Capitale de la Bière«.

oder Seeteufel (Lotte). Als Dessert ist der warme Apfelkuchen *Tatin* empfehlenswert. *Mo geschl., Rue des Prêtres 4, Tel. 5128681, Metro: Hôtel des Monnaies*

Les Trois Chicons **(B 5)**
Ein gemütliches und gut besuchtes Restaurant im Herzen des Marollen-Viertels. Spezialitäten sind die Gerichte mit Endivien, *(chicon)*, dem Nationalgemüse der Flamen. Unbedingt probieren: Fasan mit geschmortem Endiviengemüse. *Tgl. geöffnet, Rue des Renards 9–11, Tel. 5115583, Metro: Porte de Hal*

Ultième Hallucinatie **(D 2)**
★ Ganz im Stil des Art nouveau ist dieses Bistro eingerichtet. Man trifft sich entweder zum Bier oder zum Kaffee oder im Restaurant. Am späten Abend ist das Bistro oft brechend voll. Spezialitäten sind *turbot à la gueuze* und Entenbrust mit grünem Pfeffer. In den Preisen ist das Ambiente des Hauses enthalten. *Sa mittag und So geschl., Rue Royale 316, Tel. 2170614, Tram: 92, 93, 94*

Kategorie 3
(Essen ohne Wein durchschnittlich etwa 600 bfr)

Au Brueghel **(B 6)**
Brüsseler Taverne, vis-à-vis vom alten Stadttor Porte de Hal. Recht populär bei den Bürgern aus der Nachbarschaft. Es gibt Muscheln mit Pommes frites und Tagesgerichte um 495 bfr. In das einfache, aber gut besuchte Lokal geht man auch, um beim Bier oder Kaffee miteinander zu plaudern. *Tgl. geöffnet, Bd. du Midi 145, Tel. 5345976, Metro: Porte de Hal*

Faste Fou **(C 6)**
Ein modernes Bistro im nüchternen Schwarzweiß, sehr trendy und schick. Hier gibt es kleine Snacks und köstliche Salate. *So*

geschl., Rue du Grand-Cerf 21, Tel. 511 38 32, Metro: Louise

Grand Café **(C 3)**
Einfache Brüsseler Bistroküche mit frischem Fisch, Muscheln und Fritten. Zentral gelegen, gut besucht. Hier sollte man die Rechnung überprüfen. *Tgl. geöffnet, Bd. Anspach 78, Tel. 513 02 03, Metro: Bourse*

t' Kelderke **(C 4)**
Im Keller des historischen Gebäudes aus dem 16. Jh. an der Grand' Place geht es vor allem am Abend hoch her. Hier sitzt man nie allein. Spezialitäten sind belgische Gerichte wie *waterzooi* oder flämische Karbonade in Bier geschmort. *Tgl. geöffnet, Grand' Place 15, Tel. 513 73 44, Metro: Bourse*

Oyster Bar **(C 3)**
★ Stehimbiß, in dem es nichts anderes gibt als eine große Auswahl an meeresfrischen Austern. Für Austernfans ein wahres Paradies. Mittags gut besucht. *So geschl., Passage du Nord (an der Rue Neuve), Metro: De Brouckère*

Le Paon **(C 4)**
Stimmungsvolles Lokal mit fast 125 Plätzen, solide Qualität. Wer will, kann einen Bruegelabend bestellen – mit viel Fleisch, viel Bier und Musik und Trachten aus der Zeit Bruegels. *Tgl. geöffnet, Grand' Place 35, Tel. 513 35 82, Metro: Bourse*

PP (Pathé Palace) **(B 3)**
Eines der zahlreichen Szenelokale wie die Pianobar *Archiduc* oder das Bistro *La Cigogne* in der Unterstadt zwischen Börse und Fischmarkt. Es gibt herzhafte Tellergerichte, Salatplatten um 270 bfr. Nicht nur Biertrinker kommen in dem stilvollen Bistro auf ihre Kosten, auch Cocktails und einen guten Kaffee gibt's, und der Tee wird in der silbernen Kanne serviert. Straßenterrasse abseits des Touristenstroms. *Tgl. geöffnet, Rue J. van den Proel, Tel. 514 25 62, Metro: Bourse*

Probieren Sie das lokale Bier und die köstlichen Quarkbrote im Bilderbuchkloster Grimbergen

Shopping mit Pfiff

Einkaufsstadt für Weltbürger: historische Passagen, schicke Boulevards, Trödelmärkte, Antikzentren

Einkaufen in Brüssel ist ein Erlebnis. Abgesehen von den zahlreichen Wochenmärkten und den glitzernden Einkaufspassagen sind es in erster Linie die zahllosen kleinen und vor allem originellen Läden. Die Hauptstadt hat auch im Geschäftsleben ihren eigenen Charakter. Es ist viel Geld in der expandierenden Stadt. Der Fremde sieht das an den ausgefallenen Läden und merkt es an den Preisen. Der Kontrast zeigt sich auch im großen Qualitätsgefälle: Geschäfte, in denen günstig eingekauft werden kann, und solche, die sündhaft teuer sind und in denen Understatement nicht gilt. Prächtige, glitzernde Juwelierläden, ultramoderne Modeboutiquen mit den aktuellsten Modellen, durchgestylte Antikläden mit Kostbarkeiten der Vergangenheit. Und an Kunden kein Mangel: Diplomaten aus allen Erdteilen, Eurokraten, Lobbyisten, die wohlhabenden Bürger und schließlich die neugierigen Besucher.

Die Haupteinkaufszentren: in der Oberstadt *Boulevard Waterloo, Avenue Louise, Place Stéphanie*; in der Unterstadt *Boulevard Max, Rue Neuve, Rue A. Dansaert, Place De Brouckère.* Zwischen beiden Zentren die zahlreichen kleineren Straßen wie *Rue de Namur, Marché-aux-Herbes.* Ferner überdachte Einkaufszentren, die man hier Galerien nennt, mit guten Einzelhandelsgeschäften, vielen Bistros und Cafés. Die schönsten und ältesten sind die *Galeries St-Hubert* nahe der Grand' Place (aufgeteilt in *Galerie des Princes, Galerie du Roi* und *Galerie de la Reine*), neu sind jene im *Centre Anspach*, im *Centre Monnaie*, in der *Rue Neuve* und in der Oberstadt aus Richtung Metro Louise: *Galerie de la Porte Louise, Galerie d'Ixelles* und *Galerie de la Toison d'Or.*

Das Antiquitätenzentrum rund um die *Place du Grand Sablon* und ihre kleinen Seitenstraßen breitet sich aus.

Die Ladenschlußzeiten sind flexibel. In der Regel sind die meisten Geschäfte *montags bis samstags von 9 oder 10 bis 18 Uhr geöffnet; am Freitag schließen einige Warenhäuser erst um 20 oder 21 Uhr.* Auch am Sonntag haben einige Läden geöffnet: etwa Bäckereien, kleine Lebensmittelgeschäfte, aber auch Supermärkte von 9 bis 13 Uhr. Gezahlt wird in belgischen Francs (bfr), mit

Aller Luxus unter einem Dach: die Einkaufspassage St-Hubert

Eurocheques (überall problemlos) oder mit Kreditkarten, wenn es ausdrücklich angegeben ist.

ANTIQUARIATE/BÜCHER

Anticyclones des Açores (C 3)
Diese Buchhandlung führt esoterische Literatur und alles, was mit den Elementen Luft, Feuer und Wasser zu tun hat. *Rue Léopold 27, Metro: De Brouckère*

Artemys (C 4)
Ein Buchladen für Frauen mit feministischer Literatur aus Frankreich, Holland, Amerika und Deutschland. *Galerie Bortier 8–10 (Rue Saint-Jean), Metro: Bourse, Gare Centrale*

Bookmarket (C 4)
Hier gibt es viel Altes auch in Deutsch, Englisch, Japanisch oder Französisch. Fachgebiete sind Kunst, Küche, Krimi, aber auch Computer. Recht eng und für einen Fremden sehr verwirrend, aber der Eigentümer weiß den Weg. Hier kann auch getauscht werden. *Rue de la Madeleine 47, Metro: Gare Centrale*

Filà Terre (O)
Große Auswahl an Comics und ein Lesesaal mit rund 3 000 Titeln zum Thema Comics. Bar. *Waverse Steenweg 198, Elsene, Metro: Hankar*

Librairie van de Plas (C 4)
Ein Antiquariat wie auf alten Stichen: verstaubt, verwinkelt und geheimnisvoll. Liebhaber können sich auf der Suche nach Literatur, Kunst, nach alten Karten oder Kupferstichen nur schwer von dem Laden trennen. *Rue des Éperonniers 10, Metro: Gare Centrale*

Librairie Quatre Vents (O)
Diese Buchhandlung ist spezialisiert auf alles, was mit Reiten und Pferden zu tun hat. *Av. Legrand 80, Tram: 94*

Papyrus (C 4)
Buchliebhaber werden in diesem Laden historischer Literatur zuvorkommend beraten. *Galerie Bortier 16, Metro: Bourse*

Posada (C 4)
★ Größte Auswahl an Kunstbildbänden und Ausstellungskatalogen. Über zwei Etagen eine Fülle an kostbaren und teuren Büchern zu den Themen Malerei, alte und moderne Kunst, Architektur. Die Bücher sind gut und übersichtlich angeordnet. *Rue de la Madeleine 29, Metro: Bourse, Gare Centrale*

Souris Verte (O)
Die »grüne Maus« ist ein Kinderbuchladen, Spielzeug und viele Plüschtiere. *Chaussée de Boondael 562, Bus: 59*

Tropismes (C 3)
Zählt zu den herausragenden Buchläden des Landes; französische Literatur stapelt sich unter goldenen Decken und spiegelt sich hundertfach. Das Personal ist kompetent und freundlich. Auch sonntags geöffnet. *Galerie des Princes 11 (Galerie St-Hubert), Metro: Gare Centrale*

ANTIQUITÄTEN

Les Arts Décoratifs (C 4–5)
Hier entdeckt man seltene Art-déco-Dinge: Schränke, Tische, Lampen bis hin zu Aschenbechern und Kaffeelöffeln. *Rue Lebeau 49, Tram: 92, 93, 94*

MARCO POLO TIPS FÜRS SHOPPING

1 **Bernard**
Ein köstliches Geschäft für den Gourmet (Seite 61)

2 **Dandoy**
Hier riecht es täglich wie in einer Weihnachtsbäckerei (Seite 60)

3 **Espace Tintin**
Für Freunde des Comics ein besonderer Leckerbissen (Seite 61)

4 **Francis Janssens-Van der Maelen**
Glänzendes Silber in seltener Vielfalt (Seite 62)

5 **Rosalie Pompon**
Für Liebhaber von Miniaturen ein wahres Paradies (Seite 61)

6 **Place du Grand Sablon**
Vieles, was dem Antiquitätensammler lieb und teuer ist (Seite 64)

7 **Place du Jeu de Balle**
Ein Flohmarkt, bunt, turbulent. Handeln ist Glückssache (Seite 64)

8 **Posada**
Das umfassendste Angebot an Kunstbüchern (Seite 58)

9 **Le Pain Quotidien**
Ein ganz außergewöhnlicher Bäckerladen (Seite 60)

10 **Vi ̌vace Piu**
Das farbenfröhlichste Modehaus der Stadt (Seite 64)

Collectors Gallery **(C4–5)**
Alles Denkbare an Blechspielzeug, Zinnsoldaten und Spielautomaten. Große Auswahl an bunten, alten Blechdosen. *Rue Lebeau 19, Tram: 92, 93, 94*

La Trottinette **(C4)**
Ein wunderschöner gemütlicher Laden, in dem es recht turbulent zugehen kann. Hier findet man Schaukelpferde oder auch den lang gesuchten roten Trolleybus. *Rue des Éperonniers 4, Metro: Gare Centrale*

Village des Antiquaires **(C5)**
Unter einem Dach stellen mehrere Antiquitätenhändler ihre Schätze aus. Das Spektrum umfaßt altes Spielzeug, Puppen, Bücher, Waffen, Möbel und die Malerei. Auch Schmuckstücke werden hier angeboten. Leider nicht immer preiswert. *Rue Bodenbroek 22 (Nähe Grand Sablon), Tram: 92, 93, 94*

BÄCKER/PATISSERIE

In den Bäckereien, in denen es noch duftet und köstlich riecht, werden Delikatessen und Spezialitäten verkauft. Da stapeln sich die Kästen und Kisten, Kartons und Schachteln mit griechischem Gebäck, mit Mandelbrot, Sandplätzchen mit und ohne Zimt, Hörnchen, Röllchen, Törtchen. Und natürlich Spekulatius, eine Brüsseler Spezialität, die es nicht nur zur Weihnachtszeit gibt. Ein schmackhaftes und haltbares Souvenir.

Dandoy (C 3)
★ Das Schaufenster lockt bereits mit kindergroßen Spekulatiusfiguren, artig in Zellophan verpackt. Der schmale Verkaufsraum ist vollgestapelt und -gestellt mit allen Köstlichkeiten, die den Ruf der Spekulatiusdynastie der Dandoys seit eineinhalb Jahrhunderten festigen. *Petite Rue au Beurre 31, Metro: Bourse*

Nihoul (C 6)
Traumhafte Eissorten, himmlisches Gebäck und köstliche Sandwiches. Ein »Muß« für Lekkermäuler. Qualität verlangt hier ihren Preis. *Av. Louise 300, Metro: Louise*

Le Pain Quotidien (B 3)
★ Ab 7.30 Uhr morgens kann hier ausgiebig gefrühstückt werden. Eine schicke Bäckerei, in der ein einfaches Sandwich zur hedonistischen Leckerei wird. Zum Mitnehmen: herrliches Bauernbrot. Filiale an der Place Grand Sablon. *Rue Antoine Dansaert 16, Metro: Bourse*

BRÜSSELER SPITZEN

Große Auswahl an »Brussels Kant« findet man in mehreren Läden auf der *Grand' Place.* Neben dem soliden *Rubbrecht* ist *La Nationale* noch erwähnenswert. Fachmännische Beratung. Vorsicht bei günstigen Angeboten!

La Nationale (C 4)
Grand' Place 38, Metro: Gare Centrale

Rosaline (C 4)
Große Auswahl an Spitzen. *Marché-aux-Herbes 64, Metro: Gare Centrale*

Fingerfertigkeit gefragt: Spitzenklöpplerin bei der Arbeit

Rubbrecht (C 4)
Grand' Place 23, Metro: Gare Centrale

COMICS

Multi B. D. (B 4)
Ein Laden angefüllt mit Heften, Büchern und Souvenirs zum Thema Comic, einer Kunst, die hier großes Ansehen genießt. B.D. nach »Bandes Dessinées« nennt man die Stripbücher. In Französisch finden sich hier Tintin, Quick und Flupke, aber auch Asterix, Batman oder Lucky Luke. *Bd. Anspach 126–128, Metro: Bourse*

Nationales Comic-Zentrum (D 3)
Buchhandlung im Comic-Museum. Alles Denkbare zum Thema Stripfiguren, zum Beispiel T-Shirts, Figuren und anderes für den Comic-Fan. Ganz groß kommen hier vor allem Tim und Struppi heraus. *Mo geschl., Rue des Sables 20, Metro: Gare Centrale, Botanique*

Pepperland (D 5)
Erstklassige Qualität an alten und neuen Comics. *Rue de Namur 47, Metro: Porte de Namur*

DELIKATESSEN

L'Arbre à Vins (O)
Traditionshaus seit 1805. Ständig rund 7000 Weinflaschen aus den berühmtesten Anbaugebieten auf Lager. *Kolonel Chaltin 103*

Bernard (D 5)
★ Liebhaber (von denen gibt es mehr, als man glaubt) von Trüffeln, russischem und persischem Kaviar, lebendem Hummer, von Austern und anderen Köstlichkeiten kaufen hier ein. *Rue de Namur 93, Metro: Porte de Namur*

Boucherie Nouvelle (C 6)
Einer der Top-Metzger der Stadt, auch Fertiggerichte. *Rue Dejonkker 22, Metro: Louise*

Langhendries (C 3)
Die Auswahl an belgischem Käse ist erstaunlich. *Rue de la Fourche 41, Metro: De Brouckère*

Le Petit Normand (C 3)
Zwei gegenüberliegende Feinkostläden vom Feinsten. In *Nr. 5* werden duftende Käse verkauft und hinter *Nr. 8* leckere Pasteten, Ardenner Schinken und glänzende Wurstwaren. *Rue de Tabora 5 et 8, Metro: De Brouckère*

GESCHENKE UND SOUVENIRS

Espace Tintin (C 4)
★ 🚸 Benannt ist diese Geschenkboutique nach Belgiens berühmtester Stripfigur Tintin (im Deutschen Tim aus »Tim und Struppi«). Alles, was mit Tintin in Verbindung gebracht werden kann, ist hier zu kaufen. Von Tintin gibt es T-Shirts, Figuren und Comics in französischer Sprache. *Rue de la Colline 11, Metro: Gare Centrale*

Eurotempo (C 4)
In diesem Geschäft kann man alles kaufen, was auf irgendeine Art mit einem vereinten Europa in Zusammenhang gebracht werden kann – bedruckt und bemalt in den gelb-blauen europäischen Farben: vom Eierbecher über den Autoaufkleber bis hin zum europäischen Bademantel. *Rue du Marché aux Herbes 84, Metro: Gare Centrale*

L'Objet du Désir (C 3)
Ministanduhren, komische Rasiermesser, Klebebandbehälter (2600 bfr), Nachgemachtes aus den 50er Jahren und andere originelle Dinge, die aus den futuristischen Designstudios kommen. *Rue de Tabora 14–16, Metro: De Brouckère*

Rosalie Pompon (C 4–5)
★ Miniaturkunstwerke von bekannten Künstlern. Ein Paradies für Liebhaber. *Rue Lebeau 65, Tram: 92, 93*

Sailor & Lula (B 3)
Mode, Modeschmuck und Kleidung »made in Belgium«. *Rue A. Dansaert 61, Metro: Bourse*

Serneels (C 6)
🚸 Hier findet man Spielzeug auch für große Kinder. Zooanlagen gibt es in Miniatur bis überdimensional. Tintin-Buchstützen ab 2000 bfr. *Av. de la Toison d'Or 28, Metro: Louise*

GLAS UND GESCHIRR

Art et Sélection (C 4)
Bereits im Schaufenster blitzt und blinkt es hier von den verrücktesten Dingen aus Glas. Die Bonbonnières sehen so aus wie

die phantasievollen Pralinen. *Marché-aux-Herbes, Metro: Gare Centrale*

Francis Janssens-Van der Maelen **(C5)**
★ Altes und neues Silbergeschirr findet sich hier in einer überwältigenden Auswahl. Auch seltene Einzelstücke aus der Belle Époque können bewundert und erstanden werden. *Bd. de Waterloo 26, Metro: Porte de Namur*

Jadoul **(C6)**
In einer großen Ausstellung werden all die kostbaren Dinge gezeigt, die dem Frühstückstisch den passenden Pfiff geben. Die bekannten Marken wie Christofle, Wedgwood oder Villeroy & Boch sind hier vertreten. Korkenzieher aus Silber gibt es bereits ab 5000 bfr. *Av. Louise 17, Metro: Louise*

Rosenthal Studio-Haus **(C6)**
Von den komisch-originellen Kaffeetassen bis zu den Geschirren »Commedia dell'arte« oder »Mille et Une Nuit« ist die bekannte Firma hier prominent vertreten. *Av. Louise 236, Metro: Louise*

INNENARCHITEKTUR/DESIGN

A la Tentation **(C3)**
Hier gibt es Stoffe und Vorhänge – die Blumenmuster überwiegen. *Galerie du Roi 29, Metro: Gare Centrale*

Dujardin **(D5)**
Stoffe für Polstermöbel, Stoffe für Tischdecken und Stoffe für Vorhänge. Alle großen internationalen Marken sind hier anwesend. Neben den Engländern Kensington und Kinnerton die Franzosen Etamine und Pierre Frey, die Spanier Gaston y Daniella. *Rue des Petits Carmes 2, Metro: Porte de Namur*

Kids Design **(D5)**
Anregungen, um das Kinderzimmer neu zu gestalten, findet man hier in Hülle und Fülle. Da gibt es zum Beispiel das kindgerechte Büro in Form des Hundes Pluto, Mickey Mouse als Kleiderschrank oder Bauhaus-Sessel en miniature. *Rue de Namur 34, Metro: Porte de Namur*

Ligne **(C3)**
Designmöbel im klaren, einfachen Stil. Jedes Stück ein Kunstwerk, die Preise allerdings auch. *Galerie de la Reine 12–16, Metro: Gare Centrale*

KUNSTGALERIEN

In den letzten Jahren hat sich in der Hauptstadt Europas ein durchaus lebhafter Kunstbetrieb entwickelt. Die Qualität der Exponate ist sehr unterschiedlich, und die Preise sind im allgemeinen hoch. *Auskunft zu Vernissagen gibt Art Diary, Rue de la Vanne 39, Tel. 5241194.*

Albert Baronian **(C4)**
Die Galerie ist tonangebend für die Avantgarde. In der dritten Etage des Hauses befindet sich die sehenswerte Galerie von Christine und Isy Brachot. *Di–Sa 12–18 Uhr, Rue Villa-Hermosa 8, Tel. 5120978, Metro: Gare Centrale*

Contrast **(C6)**
Figurativ und traditionell, Werke von Souvraz, Alexander Det-

Brüssel bietet Exklusives

mar und Christoforou. *Mo–Sa 12 bis 18 Uhr, Av. Louise 69, Tel. 537 14 87, Metro: Louise*

Coppens & Van De Velde (B 3)
In dieser Galerie wird der Nachdruck auf das Bewährte gelegt. Arbeiten von Keith Haring, Lichtenstein, Sam Francis, Panemarenko oder Andy Warhol. *Mi–Fr 14–19 Uhr, Sa 11–18 Uhr, Rue van Artevelde 41, Tel. 513 81 74, Metro: Bourse*

Espace Photographique Contretype (O)
Permanente Ausstellung alter und neuer Fotografien. Eine der älteren Galerien. *Av. de la Jonction 1, Di–So 13–18 Uhr, Tel. 538 42 20, Tram: 90*

Fine Arts Gallery (B 5–6)
Moderne Kunst, wie Appel, Vasarely, Corneille, Alechinsky. *Di–Sa 11–18.30 Uhr, So 10–14 Uhr, Place du Jeu de Balle, Metro: Porte de Hal*

Fondation pour l'Architecture (O)
In einem ausgedienten E-Werk Fotos, Maquetten und Darstellungen zur Architektur. *Di–Fr 12.30–19 Uhr, Sa und So 13–19 Uhr, Rue de l'Ermitage 55, Tel. 649 02 59, Tram: 81*

Galerie Catherine Mayeur (B 6)
Konsequenteste Avantgarde. Künstler wie Aldo Palazzolo, Henri Bassmadjian, Gilbert Fastenaekens. *Di–Sa 12–18 Uhr, Rue des Renards 24, Tel. 513 06 29, Metro: Porte de Hal*

Galerie des Beaux-Arts (C 4)
Das Haus wird von der Tochter des bekannten Künstlers Marcel Broodthaers geleitet. Künstler wie Ensor, De Chirico. *Di–Sa 11–18.30 Uhr, Rue Ravenstein 20–22, Tel. 513 67 77, Metro: Gare-Centrale*

Halles St-Géry (B 3)
Im Jahre 1881, als man noch an das Eisenzeitalter glaubte, wurden diese Hallen aus Ziegelstein und Gußeisen erbaut. Restauriert und modernisiert, lockt das Gebäude mit kulturellen, musikalischen und sportlichen Veranstaltungen. Galerien, eine Bar, TV-Großbildschirme und Boutiquen. *Mo–Fr 12–22 Uhr, Sa–So 12–24 Uhr, Place Saint-Géry, Metro: Bourse*

LEDERWAREN

Delvaux (C 3)
Bekanntester Name für formschöne Lederwaren aus ausgesuchten Materialien. Elegantes Reisegepäck, schicke Gürtel und elegante Schuhe kann man hier erstehen. *Galerie de la Reine 31, Metro: Gare Centrale*

MÄRKTE

Die bunte Vielfalt und Exotik von Brüssel als Einkaufsstadt zeigt sich auch an den zahlreichen Märkten. Rechnet man die Wochen-, Antik-, Obst-, Blumen- oder Trödelmärkte in den Vororten dazu, so überrascht Brüssel mit rund 100 Märkten, und alle werden sie gut besucht. Die wichtigsten, farbenfreudigsten und für den Besucher eindrucksvollsten sind der *Vogelmarkt am Sonntagmorgen auf der Grand' Place,* der *tägliche Trödelmarkt auf der Place du Jeu de Balle (Vossenplein),* der *Antikmarkt am Wochenende am Grand Sablon* und der exotisch anmutende *Sonntagsmarkt an der Gare du Midi.*

Antik, Kurioses, Spielzeug und Trödel
★ *Place du Jeu de Balle (Vossenplein)* **(B 5–6)**, *im Marollenviertel, tgl. 7–14 Uhr.* ★ *Place du Grand Sablon* **(C 5)**, *Sa 9–18 Uhr, So 9–14 Uhr. Place Bara* (Spielzeug), *So 6–13 Uhr. Place Reine Astrid, Jette, So 6–13 Uhr* (Spielzeug)

Blumen, Obst und Gemüse
Place Sainte-Catherine **(B 3)**, *tgl. 7–17 Uhr, Gare du Midi (Südbahnhof)* **(A 6)**, *So 7–13 Uhr*

Gemälde, Schmuck und Grafiken
Rue d'Aumale, Anderlecht **(O)**, *Fr 7–13 Uhr. Place du Souverain, Auderghem, Do 8–13 Uhr. Place Saint-Denis, Forest, Sa 9–13 Uhr. Place Dumont, Woluwé-St-Lambert, Di 7–12.30 Uhr*

Vogelmarkt
Grand' Place **(C 4)**, *So 7–14 Uhr. Place Saint-Denis* **(O)**, *Forest, Sa 9–13 Uhr*

Wochenmarkt in Woluwe St-Pierre (O)
Köstliche Dinge wie hausgemachte Pasteten, handgemachten Käse, Bauernbrot oder Fisch kaufen hier die betuchteren Ausländer ein. *Di, Fr und Sa 8–13 Uhr, Dumonplein im östlichen Vorort Woluwe.*

MODE

Elvis Pompilio (B 4)
Bekannter Hutdesigner. Hier findet man klassische, verwegene, schräge oder komische Hüte. *Rue du Midi, Metro: Anneessens*

Kwasi (B 3)
Ausgefallene und farbenfrohe Kleidung und Schuhe für Männer. *Place Saint-Géry 18, Metro: Bourse*

Nathalie Vincent (B 3)
Frauliche Mode mit einem männlichen Touch. *Rue A. Dansaert 84, Metro: Bourse*

Stijl Men & Women (B 3)
Flämische Haute Couture mit Witz und Allüren, einzigartig für Brüssel. *Rue Antoine Dansaert 74, Metro: Bourse*

Ungaro (C 6)
Gefaltete und drapierte Modelle, kariert oder mit Blumenmotiven. Vor allem aber außergewöhnlich. *Bd. de Waterloo 7, Metro: Louise*

Vivace Piu (C 6)
★ Das farbenfröhlichste Modehaus der gesamten Stadt. Die ausgefallene Kollektion reicht von Kanariengelb über Grasgrün, Himmelblau bis Feuerrot. Die Schnitte sind schlicht, verarbei-

tet wird vor allem Leinen. *Av. Louise 43, Metro: Louise*

MUSIK

La Boîte à Musique **(C 4)**
Das klassische Geschäft für die klassische Musik, die Auswahl an Opern ist beeindruckend. *Rue Ravenstein 17, Metro: Gare Centrale*

The Collector Record Movie **(B 3)**
Raritäten an alten Schlagern, eine große Auswahl an Filmmusik. Ferner ausgesuchte Secondhand-Ware. Vorkriegsscheiben gibt es ab 100 bfr. *Rue de la Bourse 26, Metro: Bourse*

Music-Way **(C 3)**
Das Letzte, das Neueste und das Beste auf CD. *Auch am So ab 13.30 Uhr geöffnet. Galerie du Roi 14, Metro: Gare Centrale*

PRALINEN UND NASCHWERK

Kaum ein Besucher verläßt Brüssel, ohne ein Päckchen der berühmten Leckereien mitzunehmen, deren Hauptbestandteile Sahne und Schokolade sind. Verkauft werden diese schmackhaften, aber leicht verderblichen Souvenirs an fast jeder Straßenecke. Die Qualität ist hoch, die Geschmacksdifferenzen sind groß – und geben damit häufig Anlaß zu Diskussionen: Der eine schwört auf Neuhaus, der andere auf Toison d'Or, Godiva, Leonidas oder seinen Konditor. Da hilft nur selber ausprobieren.

Godiva **(C 4)**
Ein Klassiker, der die Pralinenherstellung zum Kunstwerk gemacht hat. 90 verschiedene Sorten werden von Godiva angeboten. Eine teure Marke mit gutem Image. In Brüssel gibt es fünf Filialen, eine davon auf der *Grand' Place 22. Metro: Gare Centrale*

Leonidas **(C 2–3)**
Die cremigen und etwas süßer schmeckenden Pralinen von Leonidas gelten als »Volksfutter«. Rund 6000 Tonnen Schokolade verarbeitet der größte aller Zuckerbäcker zu Pralinen, die in 25 Variationen auf den Markt kommen. Filialen in der ganzen Stadt, zwei davon auf den *Bd. Anspach* und *Adolphe-Max, Metro: De Brouckère.*

Neuhaus **(C 3)**
Das Traditionshaus unter den Pralinenherstellern. Der Aristokrat unter den Connaisseurs. 100 Gramm für 250 bfr. Vier Filialen gibt es in der Stadt, eine davon in den *Galeries St-Hubert, Metro: Gare Centrale.*

Planète Chocolat **(B 4)**
Schokolade und Pralinen von Künstlerhand und mit hohem Kakaoanteil. *Mo geschl., Rue du Midi 57, Metro: Bourse*

Toison d'Or **(C 2)**
Auch ein Klassiker unter den Bonbonherstellern, der seine Ware aber nicht als Luxusartikel deklariert. Sechs Filialen, darunter *Bd. Adolphe-Max, Metro: De Brouckère*

Wittamer **(C 5)**
Überwältigend das Angebot an Pralinen, Torten, Schokolade und Petits fours. Spezialität des Meisterbäckers ist die hervorragende Schokoladentorte ab 600 bfr. *Place du Grand Sablon 12, Tram: 92, 93, 94*

HOTEL AMIGO
neuhaus
hôtel Amigo

Traumhaft schlafen

Ob Art déco oder modern, das Angebot ist groß, aber die 18000 Hotelbetten reichen immer noch nicht

Die Hotels in Brüssel spiegeln das kosmopolitische Leben der Stadt wider. Brüssel, Sitz der EU und der Nato, ist nach Paris und London auch die Stadt mit den meisten Kongressen und Belgiens wichtigste Touristenstadt. Das macht sich auch im Hotelangebot bemerkbar; es ist international. Da fehlen weder das anonyme Kettenhotel Ramada noch die feine Künstlerpension New Siru, das supermoderne Radisson SAS oder das klassische Haus aus der Belle Époque wie Astoria. Zur Zeit gibt es 18000 Betten. Aber das reicht immer noch nicht aus, um die Nachfrage zu befriedigen, und so werden immer neue Hotels gebaut, alte Häuser restauriert, etwa das Le Plaza mit dem verspielten Neorokoko in der Brüsseler City.

Die Zimmerpreise in Brüssel sind vergleichbar mit denen in Amsterdam, Rom oder London. Während der Woche sollte unbedingt vorgebucht werden. Abgesehen vom Preis ist die Lage meist ein wichtiger Faktor – für Touristen ebenso wie für Geschäftsreisende. Daher ist es wichtig, sich zuerst zu entscheiden, in welchem Stadtteil man übernachten will, um dann dort das passende Hotel auszusuchen. Die beliebteste Gegend ist rund um die Grand' Place oder die Oberstadt. Aber auch ein Hotel in der näheren Umgebung kann reizvoll sein. Viele Hotels haben zwar noch das nostalgische Dekor, die Zimmer sind aber meist mit allem modernen Komfort ausgestattet. Und da sich Tradition und Nostalgie inzwischen wieder gut vermarkten lassen, stellen auch moderne Betriebe langsam um. Der diskrete Luxus, wie er in Brüssel gepflegt wird, macht den anonymen Wohnmaschinen Konkurrenz, wo der Computer die Hotels bewirtschaftet. So bauen moderne Betriebe, wie es im Zentrum am Bahnhof passiert, eine historische Fassade auf, um dahinter zeitgemäße Hotelzimmer einzurichten: klein und praktisch, vor allem aber effizient. Die Brüsseler Hotels verfügen meist über Doppelzimmer; Einzelzimmer sind oft winzig und schlecht geschnitten. In den letzten Jahren sind die Zimmer der meisten Hotels renoviert worden, denn die Gäste werden anspruchsvoller, und der Fremden-

Bei Diplomaten beliebt: das luxuriöse und etwas plüschige Hotel Amigo an der Grand' Place

verkehr wird immer mehr zu einer wichtigen Einnahmequelle. Da auch die Wochenenden in Brüssel nicht langweilig sind – die Museen haben geöffnet, und es gibt zahlreiche Straßenmärkte –, sollte man die günstigen Wochenend-Angebote nutzen: Die Zimmer kosten dann meist nur ein Drittel oder die Hälfte dessen, was angegeben ist. Abgesehen von einigen großen Hotels ist im Zimmerpreis auch ein umfangreiches Frühstück/Büffet enthalten. Das Frühstück ist meistens sehr gut. Nicht wie in Paris, Barcelona oder Venedig, wo es angebracht ist, in die nächste Café-Bar zu gehen. Das Personal ist normalerweise mehrsprachig, freundlich und hilfsbereit. So gut wie alle Hotels akzeptieren Kreditkarten. Die umfangreiche Hotelinfrastruktur bietet auch zahlreiche Möglichkeiten für Jugendliche an. Kostenlose Hotelbuchung: *B. T. R., B. P. 41, B-1000 Brüssel 23, Tel. 0032/2/513 74 84, Fax 513 92 77*. Die Preise beziehen sich aufs Doppelzimmer mit Frühstück.

HOTELS PREISGRUPPE A

(für Anspruchsvolle, Doppelzimmer 8000 bis 14 000 bfr)

Amigo **(B 4)**
★ Das 186 Zimmer große Traditionshaus mit dem dunklen Ambiente der spanischen Renais-

MARCO POLO TIPS FÜR HOTELS

1. **Amigo**
Antik, luxuriös, plüschig und sehr beliebt bei Diplomaten (Seite 68)

2. **Château du Lac**
Landschlößchen im Zuckerbäckerstil in ruhiger Randlage (Seite 69)

3. **Le Dôme**
Modernes Haus mit Schwung und Schick und viel Jugendstil (Seite 71)

4. **Manos**
Flair, Ambiente und ein intimer Innengarten (Seite 74)

5. **Siru (New Hotel)**
Das gesamte Hotel ist ein einziges Kunstwerk, gestaltet von belgischen Künstlern (Seite 72)

6. **Président Centre**
In guter Lage, freundliches Personal und das beste in seiner Kategorie (Seite 72)

7. **Sheraton Brussels**
Größtes Hotel, große Zimmer, Schwimmbad auf dem Dach (Seite 71)

8. **Vendôme**
Herrenhaus, bekannt für seinen individuellen Stil (Seite 74)

9. **Welcome**
Kleines Haus mit schöner Atmosphäre und guter Küche (Seite 74)

10. **Windsor**
Grandhotel mit Schwächen, ruhig und zentrumsnah (Seite 75)

sance wurde entrümpelt und etwas heller gestaltet. Das Foyer des vornehmen Hauses, in dem mit Vorliebe deutsche Diplomaten absteigen, ist noch arg plüschig, dafür aber sind die Zimmer geräumig und im Empire-Stil eingerichtet.

Trotz seiner Größe wirkt das Haus klein und bescheiden. Tiefgarage. Wochenendpreis! Unübertroffen gut die zentrale Lage an der Grand' Place. *Rue de l'Amigo 1–3, Tel. 5474747, Fax 5135277, Metro: Bourse*

Astoria **(D 3)**
Ein Hotelpalast im Stil der Belle Époque, die Zimmer sind geräumig und das Restaurant *Le Palais Royal* verzaubert mit nostalgischem Glanz. 125 Zimmer und Königssuite mit schwarzem Bad. Ab 8000 bfr. *Rue Royale 103, Tel. 2176290, Fax 2171150, Metro: Botanique*

Bristol Stephanie **(C 6)**
Hier ist man mittendrin im Bezirk der feinen Einkaufsstraßen. Dafür ist es am Abend ruhiger. Die 142 Zimmer sind nicht zu klein, sie sind modern und hell. Der Service ist sehr zuvorkommend. *Av. Louise 91–93, Tel. 5433311, Fax 5380307, Tram: 93, 94, Metro: Louise*

Château du Lac **(O)**
★ Rund 20 Autominuten vom Stadtzentrum entfernt liegt dieses herrliche Schlößchen im Zuckerbäckerstil der Jahrhundertwende. Wer gerne Kunst, Sport und Kulinarisches verbinden will, ist hier richtig. Golf, Tennis und ein Zweisternerestaurant, *Le Trèfle à 4*, als kulinarischer Höhepunkt. *85 Zi., Av. du Lac 87, 1332 Genval, Tel. 6541122, Fax 6536200*

Jolly Hotel du Grand Sablon **(C 5)**
Das 201 Zimmer große Hotel gilt als der spektakulärste Hotelneubau der letzten Jahre. Zentral gelegen, in unmittelbarer Nähe das Museum für Moderne und Alte Kunst. *Rue Bodenbroek 2–4, Tel. 5128800, Fax 5126766, Tram: 92, 93, 94*

Metropole **(C 3)**
Das älteste Hotel der Stadt (1895) und zentral gelegen. Restauriert erstrahlt das berühmte Haus im Glanz der Belle Époque: Marmor, Säulen und Edelhölzer. Beliebtes Prominentenhotel, wie das Gästebuch ausweist: Sarah Bernhardt, Arthur Rubinstein, Charles De Gaulle haben sich hier eingetragen. Der Geist der Belle Époque, der im Foyer und im Restaurant *Alban Chambon* schwebt, fehlt allerdings leider in manchen der 410 Zimmer. *Place De Brouckère 31, Tel. 2172300, Fax 2180220, Metro: De Brouckère*

Palace **(D 2)**
Nach langer Restaurierung hat dieses Traditionshaus seinen verblichenen Glanz wieder aufgefrischt. Bereits Fürst Rainier und Grace Kelly logierten im Palace auf ihrer Hochzeitsreise. Das Hotel war der erste Betonbau der Stadt. Eingerichtet ist es im Art-nouveau-Stil. Die 360 Zimmer sind verschieden gestaltet. *Rue Gineste 3, Tel. 2176200, Fax 2034444, Metro: Rogier*

Park Hotel **(O)**
Eines der wenigen kleineren Familienhotels. Das Haus, welch

ein Luxus, verfügt auch über einen eigenen Garten. Und daß die Atmosphäre stets freundlich ist, dafür sorgt der schwedische Besitzer. Das Hotel hat 51 Zimmer. Ruhige Lage am Parc du Cinquantenaire. *Av. de l'Yser 21-22, Tel. 735 74 00, Fax 735 19 67, Metro: Merode*

Le Plaza **(C2)**
Das Haus mit der klotzigen Fassade und den 186 großen Zimmern ist im Stil der 30er Jahre restauriert. Minuspunkt: das lieblose Frühstücksbuffet. *Bd. Adolphe Max 118–126, Tel. 227 67 00, Fax 227 67 20, Metro: Rogier*

Brüsseler Luxushotels

Conrad Brussels **(C6)**
Als das erste Haus am Platz gilt Conrad in der schicken Oberstadt. Das luxuriöse und moderne Haus ist gut und funktionell eingerichtet – passend für den angereisten EU-Diplomaten und EU-Lobbyisten. 269 Zimmer. Ab 13 000 bfr. *Av. Louise 71, Tel. 542 42 42, Fax 542 42 00, Metro: Louise*

Hilton **(C6)**
Es gehört zwar zur bekannten Hotelkette, aber dieses Hilton fällt aus dem Rahmen. Die Zimmer sind groß, zeitgemäß eingerichtet, und man hat einen schönen Panoramablick über die Stadt. Es ist alles da, was der Geschäftsmann oder Euro-Lobbyist nötig hat, auch die Anonymität wird gewährleistet. Am Wochenende gibt es Rabatt. 450 Zi., ab 10 900 bfr. *Bd. de Waterloo 38, Tel. 504 11 11, Fax 504 21 11, Metro: Louise*

Le Meridien **(C4)**
Haus der Luxusklasse am Bahnhof, die Doppelverglasung schützt vor dem Straßenlärm. Geräumige Zimmer, hervorragendes Frühstück. Wochenendpreise. 224 Zimmer. Ab 11000 bfr. *Carrefour de l'Europe 3, Tel. 548 42 11, Fax 548 40 80, Metro: Gare Centrale*

Radisson SAS **(C3)**
Ein Stadthotel mit moderner Einrichtung in ruhiger und doch zentraler Lage. Zur Oper und zur Hubertus-Galerie sind es nur einige Schritte. Die Zimmer sind funktionell, dafür kann man skandinavische, asiatische, italienische oder Art-déco-Einrichtung wählen. 281 Zimmer. Ab 10 500 bfr. *Rue du Fossé-aux-Loups 47, Tel. 219 28 28, Fax 219 62 62, Metro: De Brouckère*

Stanhope **(E4)**
Jedes der 50 Zimmer in dem ehemaligen Nonnenkloster ist anders im englischen Stil eingerichtet. Am schönsten: »Verspieltes Zimmer« und die zwei Suiten. Das luxuriöse Hotel mit seinem Garten, dem Teesalon, der Pianobar und seinem vorzüglichen Restaurant stellt auch Verwöhnte zufrieden. Das Hotel liegt in der Oberstadt zwischen dem Europaviertel und dem Brüsseler Stadtpark. Zimmer ab 9 500 bfr. *Rue du Commerce 9, Tel. 506 91 11, Fax 512 17 08, Metro: Arts-Loi*

Sablon-Hotel **(C5)**
Unweit der Place Sablon gelegenes Stadthotel ohne großes Ambiente. Mit Hinterhofromantik. Zweckmäßige Zimmer in dezenten Farben, es wirkt alles ein wenig eng und verschachtelt, dafür schläft man ruhig und komfortabel. *32 Zi., Rue de la Paille 2–4, Tel. 513 60 40, Fax 511 81 41, Metro: Gare Centrale*

Sheraton Airport **(O)**
Ein modernes und komfortables Flughafenhotel. Bekannt für seine angenehme Atmosphäre und gut isoliert. Für Flugreisende: Eincheck-Schalter ist gleich gegenüber. *299 Zi., Aéroport Bruxelles-National, Tel. 725 10 00, Fax 725 11 55, Flughafenzug Gare Centrale – Zaventem*

Sheraton Brussels **(C2)**
★ Das Haus gehört zu den Topadressen. Die Besonderheit, die es von anderen großen Brüsseler Hotels unterscheidet, sind die großzügigen Räume. Die Gäste des 528-Zimmer-Hochhauses setzen sich aus Touristen und Geschäftsleuten zusammen. Die Lage ist zentral, man kann alle wichtigen Plätze der Stadt zu Fuß erreichen. Dennoch liegt es ein bißchen am falschen Platz: Hinter dem Hotel, in Richtung Nordbahnhof, ist das Absteigequartier der Stadt. Das Haus bietet günstige Wochenendpreise und Pauschalen an. *528 Zi., Place Rogier 3, Tel. 224 31 11, Fax 224 34 56, Metro: Rogier, Tram: 90*

HOTELS PREISGRUPPE B

(für mittlere Ansprüche, Doppelzimmer zwischen 4800 und 8000 bfr)

Astrid **(B3)**
Angenehmes, neues, 1994 eröffnetes Stadthotel mit allem Komfort; vernünftiges Preis-Leistungs-Verhältnis. *100 Zi., Place du Samedi, 11, Tel. 219 31 19, Fax 640 16 11, Metro: De Brouckère, Ste-Catherine*

Atlas **(B3)**
Mitten im alten Viertel gelegen. Freundliches Stadthotel, vor kurzem erbaut und im Designerlook eingerichtet. *88 Zi., Rue du Vieux-Marché-aux-Grains 30–34, Tel. 502 60 06, Fax 502 69 35, Metro: Bourse*

Bedford **(B4)**
Renoviert und einladend: ein zentral gelegenes Stadthotel. Modernes Haus und auf Geschäftsleute wie auf Touristen gleichermaßen eingestellt. *275 Zi., Rue du Midi 135, Tel. 512 78 40, Fax 514 17 59, Metro: Bourse*

Le Dixseptiéme **(C4)**
Fast unmittelbar an der Grand' Place gelegen. Ein bevorzugtes Haus für Individualisten. Behutsam renoviert und mit alten Möbeln vollgestellt. Wochenendpreise! *21 Zi., Rue de la Madeleine 25, Tel. 502 57 44, Fax 502 64 24, Metro: Gare Centrale*

Le Dôme **(C2)**
★ Das Haus verfügt nicht allein über ein empfehlenswertes Restaurant, sondern ruft auch die »Goldenen Zwanziger« zurück. Im Stil der Belle Époque restauriert, spricht es vor allem Reisende mit Stil an. Es gibt einen historischen Teil von 1902 und einen neuen Trakt – ebenfalls mit Stil eingerichtet, aber moderner. Zentrale Lage, gute Brasserie.

124 Zi., Bd. du Jardin Botanique 12 bis 14, Tel. 218 06 80, Fax 218 41 12, Metro: Rogier

Président Centre **(D 3)**
★ Ein modernes 73-Zimmer-Stadthotel. Alle Räume sind gut ausgestattet, aber nicht übermäßig luxuriös. Das Personal ist freundlich und hilfsbereit. *Rue Royale 160, Tel. 219 00 65, Fax 218 09 10, Tram: 92, 93, 94*

Siru (New Hotel) **(C 2)**
★ Ein außergewöhnliches Haus in der Nähe des Nordbahnhofes und zentrumsnah. Die 101 Zimmer sind nicht groß, aber komfortabel und inspirierend. Alle Räume sind von belgischen Künstlern, Bildhauern, Fotografen nach eigenen Vorstellungen gestaltet worden. Das gesamte Hotel, vom Frühstücksraum über das Treppenhaus bis hin zur Brasserie, strahlt ein künstlerisches Ambiente aus. *Place Rogier 1, Tel. 217 75 80, Fax 203 33 03, Metro: Rogier, Tram: 90*

HOTELS PREISGRUPPE C

(für einfachere Ansprüche, Doppelzimmer zwischen 1550 und 4800 bfr)

Agenda **(C 6)**
Ein modernes, kleines Hotel im Einkaufsviertel unweit der Av. Louise. Die Zimmer verfügen über Kitchenettes. Das Haus ist vor allem bei Japanern und Italienern sehr beliebt. *38 Zi., Rue de Florence 6, Tel. 539 00 31, Fax 539 00 63, Tram: 93, 94*

Albert Premier **(C 2)**
Ein Hotel für Leute, die die Geschäftigkeit und den Rhythmus der Stadt lieben. Die Zimmer sind modern mit Art-déco-Stil-Einrichtung. Das 285-Zimmer-Haus liegt zentral und wird gerne von Gruppenreisenden genutzt, das Publikum ist international. *Place Rogier 20, Tel. 203 31 25, Fax 203 43 31, Metro: Rogier*

Alfa Louise **(C 6)**
Das Haus mit 83 recht farbenfroh eingerichteten Zimmern liegt nur wenige Schritte von der Av. Louise entfernt. Für Gäste, die länger bleiben, Zimmer mit Kitchenette. Im 7. Stock der entzückende Frühstücksraum. *Rue Blanche 4, Tel. 537 92 10, Fax 644 18 78, Metro: Louise, Tram: 93, 94*

Argus **(C 6)**
Im Zentrum der feinen Einkaufsstraßen der Oberstadt steht dieses 41 Zimmer große Stadthotel. Der Service ist höflich und schnell. Ein angenehmes und gemütliches Haus. *Rue Capitaine-Crespel 6, Tel. 514 07 70, Fax 514 12 22, Metro: Louise*

Balladines **(O)**
Am Stadtrand, unweit des Lakenparks und des Atomium gelegenes, angenehmes Hotel. Für Autofahrer geeignet. Wochenendarrengements. *49 Zi., Av. Houba de Strooper, Tel. 476 15 14, Fax 476 13 96, Metro: Houba-Brugmann*

Les Bluets **(C 6)**
Winzige, nur zehn Zimmer große Stadtpension. Die Atmosphäre ist familiär, die Zimmer sind klein, aber nicht ungemütlich eingerichtet. Das Haus mit Garten liegt etwas abseits. Nichtrau-

cherhotel. *Rue Berckmans 124, Tel. und Fax 534 39 83, Metro: Louise*

Congrès **(D 3)**
In einem ruhigen Stadtviertel unweit der Königsstraße steht dieses angenehme 52-Zimmer-Haus. Tadelloser Service, besonders beeindruckend die üppigen Blumenarrangements. Die Zimmer sind ein wenig klein, aber geschmackvoll eingerichtet, der Blick ist nicht immer schön. *Rue du Congrès 42–44, Tel. 217 18 90, Fax 217 18 97, Metro: Madou, Tram: 92, 93, 94*

A la Grande Cloche **(B 4)**
Günstiger geht es kaum in Brüssel. Preiswert, sauber und die Atmosphäre des alten Brüssels: Stadthotel, etwas angestaubt, dafür nah am Marollenviertel. *45 Zi., Place Rouppe 10-12, Tel. 512 61 40, Fax 512 65 91, Metro: Anneessens*

Ibis Brussels Grand' Place **(C 4)**
Eines von mehreren Hotels, die im historischen Zentrum stehen. Das Ibis verbirgt sich hinter einer (neuerrichteten) historischen Klinkerfassade. Das Innere ist modern und zweckmäßig. Die Zimmer sind klein, aber hell, es gibt auch Dreipersonenzimmer. Sehr beliebt bei Gruppenreisen. Deshalb herrscht oft eine hektische Atmosphäre. Unfreundlicher und überforderter

Einmal im Leben verwöhnen lassen im Hotel Astoria

Service – dafür sind es nur wenige Schritte zum Bahnhof. *173 Zi., Rue du Marché-aux-Herbes 100, Tel. 514 40 40, Fax 514 50 67, Metro: Gare Centrale*

Ibis Sainte Catherine **(B 3)**
Unweit des Fischmarktes mit seinen zahlreichen Fischrestaurants steht dieses 235 Zimmer große, außergewöhnliche Haus mit angenehmen Räumen. Es verfügt über einen Kinderspielraum. *Rue Joseph-Plateau 2, Tel. 513 76 20, Fax 514 22 14, Metro: De Brouckère, Ste-Catherine*

La Légende **(B–C 4)**
Kleines, einfaches Stadthotel unweit der Grand' Place. Das Haus liegt ruhig an einem Innenhof. Die 35 schlichten Zimmer verfügen nur teilweise über ein eigenes Bad, sonst liegt die Dusche oder das WC auf dem Flur. Es gibt auch günstige 3-Personen-Zimmer. *Rue du Lombard 35, Tel. 512 82 90, Fax 512 34 93, Metro: Bourse, Gare Centrale*

La Madeleine **(C 4)**
Günstige Lage für alle Stadtaktivitäten. Ein charmantes Haus, etwas angestaubt. *52 Zi., Rue de la Montagne 22, Tel. 513 29 73, Fax 502 13 50, Metro: Gare Centrale, Tram: 92, 93, 94*

Manos **(O)**
★ Ein freundliches, kleines, in der Oberstadt gelegenes Haus, im ländlichen Stil eingerichtet. Eines der wenigen intimen Stadthotels, die über einen Garten verfügen. Nach den Zimmern mit Blick zum Garten fragen, die sind am schönsten. 38 geräumige und gut ausgestattete Zimmer, auch für einen längeren Aufenthalt geeignet. *Chaussée de Charleroi 100–104, Tel. 537 96 82, Fax 539 36 55, Tram: 92*

Sabina **(D 3)**
Ein einfaches, ruhig gelegenes 24-Zimmer-Hotel. Das preiswerte Haus ist vor allem bei Kongreßteilnehmern beliebt. Zahlreiche Stammgäste. *Rue du Nord 78, Tel. 218 26 37, Fax 219 32 39, Metro: Madou*

Saint Nicolas **(B 3)**
Zentral gelegene Herberge und eine der günstigen Adressen in der Innenstadt. Einfaches Familienhotel. *60 Zi., Rue du Marché-aux-Poulets, Tel. 219 04 40, Fax 219 17 21, Metro: Bourse*

Sun Hotel **(D 6)**
Das moderne, kleine Stadthotel liegt in einer belebten, interessanten Gegend der Oberstadt. *22 Zi., Rue du Berger 38, Tel. 511 21 19, Fax 512 32 71, Metro: Louise, Bus: 54, 71*

Vendôme **(C 2)**
★ Freundliches Hotel in der Nähe der Place de Brouckère. Die Zimmer sind geräumig und hell, der Service ist freundlich. Trotz der 116 Zimmer hat man das Gefühl, individueller Gast zu sein. *Bd. Adolphe-Max 98, Tel. 227 03 00, Fax 218 06 83, Metro: De Brouckère, Rogier*

Welcome **(B 3)**
★ Eines der ganz kleinen, aber feinen Häuser. Der Gast wird individuell behandelt, etwas für Romantiker. Das Haus liegt im historischen Viertel. Empfehlenswertes Restaurant. *6 Zi., Rue du Peuplier 5, Tel. 219 95 46, Fax 217 18 87, Metro: Ste-Catherine*

Windsor **(B 4)**
★ Das Traditionshaus wurde kürzlich renoviert, die Zimmer entsprechen dem Standard, sind hell und freundlich eingerichtet. Das Hotel liegt zehn Minuten von der Grand' Place entfernt, und der Blick fällt auf Brüssels exklusivstes Restaurant »Comme Chez Soi«. *34 Zi., Place Rouppe 13, Tel. 5112014, Fax 514 09 42, Metro: Anneessens*

REISEN MIT KINDERN

Die Brüsseler Gastlichkeit bemüht sich nicht allein um ein gutes Preis-Leistungs-Verhältnis, sondern ist auch kinderfreundlich. In zahlreichen Häusern kann man sich ohne Aufpreis Extrabetten ins Doppelzimmer stellen lassen (bis 12 Jahre).

WIE ZU HAUSE WOHNEN

Typisch für die Brüsseler Gastfreundschaft: Es werden auch in Privathäusern Zimmer mit Frühstück angeboten. Die Organisation *New Windrose* vermittelt nicht nur in Brüssel, sondern in ganz Belgien Privatzimmer. Die Preise beginnen bei 1600 bfr für ein Doppelzimmer mit Frühstück. Die Organisation bietet auch den Service »Treffen Sie einen Brüsseler« und Stadtführungen an. Nur geeignet bei längerem Aufenthalt. Reservierung: *New Windrose, Av. Paul-Dejaer 21A, B-1060 Bruxelles, Tel. 534 71 91, Fax 534 71 92*

FÜR JUNGE LEUTE

Auberge Bruegel **(C 5)**
Hinter historischen Mauern wurde diese Jugendherberge (125 Betten) im Zentrum, zehn Minuten von der Gare Centrale, eingerichtet. Es gibt Zimmer für zwei oder vier Personen und Schlafsäle. Komfortable Lounge und modernes Selfservice-Restaurant. Die wichtigsten Sehenswürdigkeiten sind zu Fuß erreichbar. EZ 760 bfr, im 4-Bett-Zimmer 550 bfr. Mitglieder zahlen 100 bfr weniger. *Rue du Saint-Esprit 2, Tel. 511 04 36, Fax 512 07 11, Metro: Anneessens*

Auberge Jacques Brel **(D 2–3)**
Umgangssprache ist hier Französisch. Etwas abseits vom Zentrum gelegen. *Rue de la Sablonnière 30, Tel. 218 01 87, Fax 217 20 05, Metro: Botanique*

Auberge La Fonderie **(O)**
Angenehme Adresse, Auswahl zwischen Einzelzimmern und Schlafsaal bis 12 Personen. EZ 620 bfr, DZ 520 bfr, 6-bis-12-Personen-Schlafsaal 400 bfr (pro Pers). *Olifantstraat 4, Sint-Jans-Molenbeek, Tel. 410 38 58, Fax 410 39 05, Metro: Étangs Noirs*

Bed & Brussels **(O)**
Privatunterkünfte. Übernachtung mit Frühstück zwischen 1000 und 2000 bfr. *Rue Victor Greyson 58, Tel. 646 07 37, Fax 644 01 14*

CHAB-Hostal **(E 2)**
Im Stadtteil Schaerbeek, am Botanischen Garten, steht das 180 Betten große Jugendhotel. *Rue Traversière 8, Tel. 217 01 58, Fax 219 79 95, Metro: Botanique*

Sleep Well **(C 2)**
Modern, hell, zentral gelegen. *Rue du Damier 23, Tel. 218 50 50, Fax 218 13 13, Metro: Rogier*

Brüsseler Kalender

Festspiele, Messen, der historische »Ommegang« und Musikwettbewerbe – Brüssel feiert weltoffen und zurückhaltend

Die Brüsseler feiern gern. Ihre Feste lassen sich fast alle auf einen religiösen Ursprung zurückführen. Wichtigstes Fest ist der Ommegang im Juli. Das Fest wurde 1549 zum erstenmal vom Magistrat der Stadt in Anwesenheit von Kaiser Karl V. gefeiert. Seitdem ist es das größte städtische Kostümfest. In einem farbenprächtigen Umzug vor der historischen Kulisse des Rathauses und der Gildehäuser auf der Grand' Place ziehen Bürgermeister und Zünfte, die Königin von Österreich, Christina von Dänemark und zahlreiche andere Fürsten, Bischöfe und Grafen auf – dargestellt zum Teil von den Nachkommen einst bekannter großer Adelsgeschlechter. Der Hof des Kaisers, die Ordensmitglieder des Goldenen Vlieses und Hunderte von weiteren Teilnehmern – alle in originalen Kostümen. Das Wort *ommegang* stammt aus dem Flämischen und bedeutet soviel wie »in einer Prozession herumgehen«. Der Ommegang wurde erstmals 1348 erwähnt, da nach einer Legende ein Marienbild um die Kirche von Zavel, Sablon, getragen wurde. 1549 veranstaltete die Stadt für Kaiser Karl V. den ersten »Umzug«. Im September findet »Bruzzle« statt, das Fest der flämischen Gemeinschaft. Dieses Brüsseler Festival verspricht ein großes internationales Kulturfest zu werden. Konkurrent ist das Sommerfestival der Französisch sprechenden Brüsseler – ein Wettstreit zwischen beiden Kultur- und Sprachgemeinschaften. Im Sommer werden klassische Konzerte im Bois de la Cambre veranstaltet und in den Halles de Schaerbeek, den alten Markthallen, Sommer-Happenings.

In den Sommermonaten finden vor allem auf der Grand' Place viele Aktivitäten und Veranstaltungen statt, die man von den zahlreichen Terrassencafés verfolgen kann, etwa die spektakulären Ton- und Lichtspiele, und andere musikalische Darbietungen und Animationen.

Seit 450 Jahren findet das »Ommegang«-Fest statt

FEIERTAGE

1. Januar *(Neujahr)*, Ostermontag, 1. Mai *(Tag der Arbeit)*, Himmelfahrtstag, Pfingstmontag, 21. Juli *(belgischer Nationalfeiertag)*, 15. August *(Mariä Himmelfahrt)*, 1. November *(Allerheiligen)*, 11. No-

MARCO POLO TIPS FÜR VERANSTALTUNGEN

1 Bruegel-Fest
Überall in der Altstadt wird traditionsreich gefeiert (Seite 79)

2 Klinkende Munt
Die Flamen zeigen kulturell Flagge (Seite 79)

3 Monumentendage
Etwa 75 architektonische Denkmäler öffnen ihre Tore (Seite 79)

4 Ommegang
Kostümfest mit 450jähriger Vergangenheit (Seite 79)

5 Treibhäuser
Zwei Wochen zeigt sich die blühende Pracht in der gläsernen Stadt (Seite 78)

6 Weihnachtsmarkt
Traditioneller Markt mit kommerziellem und kulturellem Hintersinn (Seite 79)

vember *(Waffenstillstandstag)*, 1. und 2. Weihnachtstag.
Fällt ein Feiertag auf einen Sonntag, so ist der darauffolgende Montag ein Feiertag.

BESONDERE VERANSTALTUNGEN

Januar
Automesse (alle geraden Jahre) (**O**)
Kinofestival im Palais des Congrès (**C 4**)

Februar
Karneval, insbesondere der Fastnachtsdienstag, wird in der Stadtmitte ausgelassen, bunt und ausgiebig gefeiert.

März
Antiquitätenmesse im Palais des Beaux-Arts (**C 4–5**)
International Fantasy Film Festival (Auditorium 44) (**O**)

April–September
Son-et-Lumière-Aufführungen auf der Grand' Place, April–Sept. tgl. ab 22.30 Uhr. (**C 4**)

April
★ Die Königlichen *Treibhäuser* in Laeken (**O**) werden Ende des Monats bis Anfang Mai etwa zwei Wochen lang für die Öffentlichkeit geöffnet.

Mai
Internationaler Musikwettbewerb Reine Elisabeth im Palais des Beaux-Arts und im Conservatoire (**D 4**), *Tel. 507 82 00.*
Brüsseler Jazz-Marathon
Drei Tage und drei Nächte wird in Kneipen und auf Plätzen (u. a. Grand' Place) *Jazz gespielt* (Ende Mai).

Juni
20-km-Lauf – mit Volksfestcharakter – von Brüssel
Die berühmte *Schlacht von Waterloo* wird als großes Spektakel inszeniert. (**O**)
Kirmes in Tervuren. (**O**)
Blumenausstellung im Botanique. (**D 2**)
Jeden Abend Musikaufführungen mit klassischen Instrumenten auf der Grand' Place. (**C 4**)

Juli

Anfang Juli: traditionsreicher ★ *Ommegang* an der Grand' Place. (**C 4**) Rechtzeitig Plätze beim Verkehrsamt reservieren.
Anfang Juli: ★ *Klinkende Munt: internationales Art-Festival* auf der Place de la Monnaie, *Tel. 513 82 90* (**C 3**).
Jeden Sonntag: *Klassische Konzerte* im Bois de la Cambre (**O**) *(11 bis 13 Uhr).*
21. Juli: Zahlreiche Festlichkeiten aus Anlaß des *Nationalfeiertages,* Feuerwerk im Stadtpark Warande.
Ende Juli–Anfang August: großer Jahrmarkt, *Foire du Midi,* am Südbahnhof (**A 6**).

August

9. August: *Aufstellen des Meyboom,* Rue du Marait (**C 4**), Erinnerung an die Armbrustschützen vor rund 700 Jahren.
Die beiden letzten Augustwochen: *Bellone-Brigittines:* Sieben Vorstellungen zu den Themen Licht, Farbe und Augenblick.
Blumenteppich auf der Grand' Place (**C 4**), alle geraden Jahre Mitte August.

September

Brabanter Kirmes auf der Grand' Place (**C 4**).
★ *Bruegel-Fest* in der Altstadt
Gastronomie- und Folklorefest im Ilôt Sacré (**C 3**).
★ *Monumentendage.* Am zweiten Wochenende öffnen etwa 75 Gebäude ihre Pforten, fachkundige Führungen über Plätze, durch Stadtviertel und architektonisch interessante Bauwerke.
Botanische Nächte im Botanischen Garten (Chanson-Festival), *Tel. 226 12 11* (**D 2**).

Dezember

★ 2. Wochenende *Weihnachtsmarkt* auf der Grand' Place (**C 4**).

Farbenfrohes Sommerspektakel: der überdimensionale Blumenteppich auf der Grand' Place

Am Abend gehen wir aus

Weltberühmte Oper, sauerstoffarme Disko, Jam Session und jede Menge Wirtshäuser

Das königliche Symphonieorchester, die Nationaloper und die Konzerte im *Palais des Beaux-Arts* sind berühmt. Aber auch so besucht, daß es schwer ist, an Karten zu kommen. Eng und sauerstoffarm sind am Abend die zahlreichen Bars, Cafés, Wirtshäuser und Jazzkneipen. Ein regelrechtes Amüsierviertel sucht man in Brüssel vergeblich. Das nächtliche Brüssel ist kein wirbelndes Barcelona, kein quirliges Amsterdam oder turbulentes Berlin. Das Nachtleben mit den verrückten Leuten beginnt spät, da die Brüsseler erst einmal essen, bevor sie sich ins Getümmel werfen. Das Nachtleben verteilt sich über die gesamte Innenstadt. Rund um den *Grand Sablon* und in der Gegend um die *Grand' Place* und Börse *(Bourse)* treffen sich Künstler, Musiker oder Theatermacher. In der Oberstadt zwischen der *Chaussée de Wavre* und der *Chaussée d'Ixelles* geht es exotisch afrikanisch zu. Auch Jazzliebhaber kommen in den einschlägigen Kneipen voll auf ihre Kosten.

In den alten Gewächshäusern des ehemaligen Botanischen Gartens kommen seit 1984 frankophile Kulturliebende auf ihre Kosten

BARS/CAFÉS

Die Brüsseler Wirtshäuser, *stamenei*, sind eine Welt für sich mit einem speziellen Ambiente. Die meisten *Kroegen* sind Traditionshäuser mit blankgeputzten Holztischen, freundlicher Bedienung, einer großen Auswahl an einheimischen Bieren, Genever und Champagner. Um einem Mißverständnis vorzubeugen, der Brüsseler versteht unter einem Café nicht unbedingt eine Konditorei, sondern ein Wirtshaus, in dem auch Kaffee ausgeschenkt wird. Cafeteria oder Salon de Thé entsprechen dem deutschen Café.

A la Mort Subite **(C 3)**
Hier wird das Bier zum »plötzlichen Tod« ausgeschenkt. Das langgestreckte Lokal mit dem Charme einer Bahnhofswirtschaft ist ein Treffpunkt des kultivierten Biertrinkers. Während der Mittagszeit und am Abend

ist kaum ein Platz unbesetzt. An den Holztischen machen es sich Angestellte, Lobbyisten und Touristen bequem und lassen sich Kriek-, Gueuze- und Lambicbier schmecken. *Tgl. 10–1 Uhr, Rue Montagne-aux-Herbes-Potagères 7, Metro: Gare Centrale*

L'Archiduc **(B 3)**
Eingerichtet mit echtem Art-déco-Interieur, zählt das Lokal zu den Treffpunkten der Brüsseler Mode- und PR-Szene. Musik aus den 50er und 60er Jahren. Einst traten in diesem ehemaligen Bordell Django Reinhardt, Nat King Cole und Jacques Brel auf. *Tgl. 16–4 Uhr, So ab 16 Uhr, Rue Dansaert 6, Metro: Bourse*

La Bécasse **(C 3)**
Man sitzt an blankgescheuerten Tischen. Lärmende Stimmung, und ausgeschenkt wird Timmermans Lambic. Spezialitäten sind die dicken Quarkbrote. *Tgl. 10–1 Uhr, So ab 11 Uhr, Rue de Tabora 11, Metro: Bourse*

Les Brasseurs **(B 3–4)**
Eine der wenigen typischen Brasserien von Brüssel. Einfach, mit Holzstühlen. Es gibt Bier, Aperitif und Kaffee. *Tgl. ab Mittag, Bd. Anspach 77, Metro: Bourse*

Chaloupe d'Or **(C 4)**
Die Kellner laufen herum wie Alain Delon in seinen besten Tagen, die Einrichtung ist überladen traditionell. Sehr gemischtes Publikum. Japaner lassen sich gerne in dieser typischen Brüsseler Brasserie fotografieren. *Tgl. ab 9 Uhr und bis der letzte Gast gezahlt hat. Grand' Place 24–25, Metro: Gare Centrale*

Chez Richard **(C 5)**
Mittelpunkt des Nachtlebens um den *Grand Sablon.* Hier drängelt sich die Beau monde. *Tgl. ab 20 Uhr bis zum frühen Mor-*

MARCO POLO TIPS FÜR DEN ABEND

1. **Botanique**
Theater, Film und viel Kultur für Frankophile (Seite 86)

2. **Musée du Cinéma**
Leckerbissen aus der guten alten Stummfilmzeit (Seite 86)

3. **La Samaritaine**
Hier treten immer noch Chansonniers auf (Seite 87)

4. **Le Garage**
Eine der wenigen Diskotheken mit ganz verrückten Leuten (Gay) (Seite 84)

5. **Opéra National/ Nationale Oper**
Die besten Inszenierungen des Landes (Seite 86)

6. **Palais des Beaux-Arts**
Ein akustisch aufregender Konzertsaal, gebaut von Victor Horta (Seite 86)

7. **Théâtre Toone VII**
Marionettenspiel in schönster Brüsseler Tradition (Seite 87)

8. **Ultième Hallucinatie**
Noble Zufluchtsstätte für Nachtschwärmer und mondäne Jugend (Seite 83)

gen geöffnet. Rue des Minimes 4, Tram: 92, 93, 94

Cirio (B 3)

Die behagliche Atmosphäre eines großbürgerlichen Wohnzimmers aus der Jahrhundertwende. Die Einrichtung und die Pissoirs stammen aus der Belle Époque, Damenkränzchen klönen beim Gueuzebier, Jugendliche trinken Kaffee, und die Ober sind väterlich freundlich. *Tgl. ab 10 Uhr, Rue de la Bourse 18, Metro: Bourse*

Dolle Mol (C 4)

Das Zentrum für den kosmopolitischen Flamen. Hier wurden Revolutionen geplant und abgesagt; engagiertes Publikum und offene Atmosphäre. *Tgl. 11–1 Uhr, Sa u. So ab 17 Uhr, Rue des Éperonniers 52, Metro: Gare Centrale*

Falstaff (B 3)

Kein einfaches Café, sondern eine Institution, ein Klassiker unter allen Brüsseler Kneipen. Diese Brasserie wird von Menschen aller Altersgruppen, aller Berufe und von fast allen Touristen besucht. Im reinen Art-déco-Stil – die hinteren Säle sind neoklassizistisch. Mit Brüssels größter Terrasse. Treffpunkt für Nachtschwärmer. *Tgl. 9.30–5 Uhr (auch die Küche bleibt geöffnet), Rue Henri-Maus 17–25, Metro: Bourse*

Kafka (B 3)

Treffpunkt für das progressive Caféhaus-Publikum. Hier wird auch gerne Wodka getrunken (13 verschiedene Sorten). Jazz und Blues werden mit Vorliebe gespielt. *Mo–Fr ab 22.30 Uhr, Sa 17 bis 5 Uhr, So 19–2 Uhr, Rue de la Vierge Noire 6–8, Metro: De Brouckère*

Moeder Lambic (O)

Die Bierkarte ist fast so dick wie der Duden, aus rund 1050 Biersorten kann der unermüdliche Trinker wählen. Wer sich langweilt, kann in Comic-Heften blättern. *Tgl. 11–4 Uhr, So ab 16 Uhr, Rue de Savoie 68, Metro: Albert, Horta*

Spinnekopke (B 3)

An einem belebten Kreuzungspunkt steht dieses historische Bistro aus dem letzten Jahrhundert. Neben einer Bierkarte (100 Sorten) gibt es hier auch sehr ausgewählte Bourgogne- und Bordeauxweine. Typische Brüsseler Atmosphäre – lecker sind auch die Speisen. *Tgl. 11–23 Uhr, So ab 18 Uhr, Place du Jardin aux Fleurs 1, Metro: Bourse*

Ultième Hallucinatie (D 2)

★ Eingerichtet ist das Prunkstück im Art-nouveau-Stil mit Holzbänken aus alten Eisenbahnen. 1904 als Wohnhaus für die adelige Familie Cohn-Donnay eingerichtet, ist es seit Jahren nicht nur Treffpunkt für die modische Jugend, sondern auch für Architekturstudenten und Nachtschwärmer. An der langen Theke findet sich meist auch um Mitternacht noch ein Platz. *Tgl. ab 11 Uhr, Sa ab 16 Uhr, Rue Royale 316, Tram: 92, 93, 94*

Vieux Spijtigen Duivel (O)

Angeblich das älteste Bierlokal der Stadt. Die Legende will es, daß hier bereits Kaiser Karl V. seinen Durst löschte, damals hieß die Herberge »Der Engel«. Kaiser Karl wurde jedoch so unfreundlich behandelt, daß er die Wirtschaft in Spijtigen Duivel (Ärgerlicher Teufel) umbenennen ließ. Unverfälschte Kneipenkultur. *Tgl. 11.30–1.30 Uhr, Chaussée d'Alsemberg 621*

DISKOTHEKEN

Vor elf Uhr am Abend läuft in den Diskotheken nichts. Die Auswahl ist nicht groß, aber die wenigen, die es gibt, sind europäische Spitzenklasse.

Le Garage (**C 4**)
★ Warum die Stimmung gerade in der Montagsnacht besonders ausgelassen ist, weiß auch der Türsteher nicht. Wer in den verrückten Gay-Treffpunkt Zugang findet, darf sich rühmen. *Fr und Sa ab 23 Uhr, Rue Duquesnoy 18, Tel. 512 66 22, Metro: Gare Centrale*

Machado (**C 4**)
Salsa und Samba, lateinamerikanische Musik dominiert, viel Atmosphäre. *Tgl. ab 23 Uhr, Rue des Chapeliers 14, Tel. 511 36 91, Metro: Gare Centrale*

Le Mambo (**D 6**)
Exotisch afrikanisch geht es hier zu. Viel Atmosphäre bei Soukous-Musik. *Fr, Sa und So ab 22 Uhr, Chaussée de Wavre 70, Tel. 513 55 29, Metro: Porte de Namur*

Le Mirano Continental (**O**)
Umgebautes Kino mit Chrom und Glitzer. In der modernen Disko trifft man die hübschesten Mädchen und Jungen der Stadt. Um eingelassen zu werden, muß man das gewisse Etwas haben. *Tgl. 23–3 Uhr, Tel. 218 57 72, Chaussée de Louvain 38*

Planet Claire (**C 4**)
Jazz, Soul und Funk werden gespielt. Auch 35jährige sind noch gern gesehen. *Do–So ab 23 Uhr, Rue de l'Hôpital 29, Metro: Gare Centrale*

Le Sud (**C 3**)
Den Boden des aus zahlreichen Räumen bestehenden Cafés bedecken verschlissene persische Teppiche, die Räume werden von Wachslichtern erhellt. Ein Brüsseler Szenelokal. *Fr und Sa ab 22 Uhr, Rue de l'Ecuyer 43, Metro: De Brouckère*

Le Tambour (**B 3**)
Als Szenekneipe schon fast legendär. *Do–So ab 22 Uhr, Rue du Vieux Marché aux Grains 46, Metro: Ste-Catherine*

JAZZ

Bierodrome (**O**)
Die lebendige Jazzszene wird von diesem Szenelokal angeführt. Traditioneller Jazz. *Di–Do 12–3, Fr–So 16–3 Uhr, Place Fernand Cocq 21, Tel. 512 04 56, Bus: 51, 74*

Epistrophy (**C 4**)
🯅 Regelmäßig treten hier bekannte belgische Jazzmusiker auf. Immer brechend voll. *Di–Sa ab 22 Uhr, Rue des Chapeliers 11, Metro: Gare Centrale*

Le Mozart (**O**)
Feines Nachtcafé, in dem die Jazzmusik, die sozusagen zum Essen serviert wird, im Menüpreis inbegriffen ist. Die Steaks sind dick und zart. *Di–Sa 22–5 Uhr, Tel. 344 08 09, Chaussée d'Alsemberg 541, Metro: Albert*

Zebra Bar (**B 3**)
Hier wird zwar nicht regelmäßig Jazz gespielt, aber hier trifft

Jazz, Jazz, Jazz

man sich, um zu entspannen oder einen bunten Cocktail zu genießen – wenn man Lust hat, zum Frühstück. Terrasse. *Tgl. 10–1 Uhr (nachts), Place St-Géry 33–35, Tel. 511 09 01, Metro: Bourse*

KÄUFLICHER SEX

Prostitution ist in Brüssel noch immer tabu und kein Thema. Es gibt keine offiziellen Sexviertel wie in Amsterdam oder Frankfurt. Sexaktivitäten sind clubgebunden oder finden in sogenannten »heißen Straßen« statt – zumeist verfallenen und schmierigen Gassen. *Nordbahnhof: Rue d'Aerschot, Rue du Marais, Parlamentsviertel: Rue du Nord, Rue de la Croix du Fer. Oberstadt: Rue de la Grosse Tour, Rue des Chevaliers, Rue de la Concorde. Centrum: Bd. Jacquemain, Rue de Malines und Rue du Colombier*

KINO

Die Filme, die gezeigt werden, sind untertitelt. Meist, wenn es sich um englischsprachige Streifen handelt, in Französisch und Niederländisch. Der Vorteil: Alle Filme kommen in der *version originale* in die Kinos. Filmrubriken in den Tageszeitungen, am ausführlichsten in »Le Soir« und in »Belgique Numéro Un«. Eintrittspreise 240-280 bfr.

Arenberg-Galeries **(C3)**
Altes Kino, viel Plüsch, aber die aktuellsten internationalen Filme. *Galeries Saint-Hubert 26, Tel. 512 80 63, Metro: Gare Centrale*

Movy **(O)**
Im Stadtteil Saint Gilles gelegenes, kleines Vorortkino. Buntes und abenteuerliches Angebot

Lichtspiele auf der Grand' Place

Die Maison du Roi, in der nie ein König wohnte und die einst als Broodhuis von den Bäckern genutzt wurde, wird ebenso in Licht getaucht wie das gotische Rathaus und die prachtvollen Fassaden der früheren Zunfthäuser: Zwischen April und September wird auch der Große Markt (Grote Markt oder Grand' Place) angestrahlt. Musik von Mozart oder Schubert erklingt aus Lautsprechern. Die Son-et-Lumière-Aufführungen beginnen mit Einbruch der Dunkelheit; zwischen dem 5. April und dem 29. September findet das Spektakel statt. Beginn zwischen 22.30 und 23 Uhr, im Sommer zwischen 22.45 und 23.15 Uhr.

aus der Geschichte des Films. *Rue des Moines 21, Tel. 5376954, Tram: 55, 90*

Musée du Cinéma **(C 4)**
★Ein besonders schönes Kino, in dem täglich alte Stummfilme und Retrospektiven gezeigt werden. Reservieren! *Tel. 5078370, Rue Baron Horta 9, Metro: Gare Centrale*

Styx **(O)**
Die großen Erfolge der Vergangenheit werden hier wieder gezeigt, Filme von Wenders, Fellini, Kubrick. *Rue de l'Arbre Bénit 72, Tel. 5122102, Tram: 72*

UGC **(C 3)**
Mit zehn Filmsälen eines der größten Kinos der Stadt. Alle internationalen Filme. *Auskunft: Tel. 0900/29920, Place De Brouckère, Metro: De Brouckère*

KONZERTE/OPER

Mit zahlreichen spektakulären Inszenierungen ist die *Oper*, das *Théâtre Royal de la Monnaie, Koninklijke Muntschouwburg*, über die Grenzen des Landes hinaus berühmt geworden. Konzert- und Opernfreunde, die ein ausgearbeitetes Programm haben möchten, wenden sich an die Organisation *Balconop, Rue Marché-aux-Herbes 63, 1000 Brüssel.*

Botanique **(D 2)**
★Klassische Konzerte, Jazz, Theater, Film und viel Kultur. *Rue Royale 336, Tel. 2261211, Metro: Botanique*

Cirque Royal **(D 3)**
Kulturpalast mit 3000 Sitzplätzen und guter Akustik. *Rue de l'Enseignement 81, Tel. 2182015, Tram: 29, 63*

Conservatoire Royal de Musique **(C 5)**
Klassische Konzerte, ausgeführt vom eigenen Symphonieorchester oder von Gastensembles. *Rue de la Régence 30, Tel. 5110427, Tram: 92, 93, 94*

Halles de Schaerbeek **(E 1)**
Aufwendig renovierte ehemalige Markthallen, zahlreiche kulturelle Veranstaltungen. *Rue Royale-Ste-Marie 22, Tel. 2180031, Tram: 90, 92, 93*

Opéra National/ Nationale Oper **(C 3)**
★ Die Inszenierungen unter dem Intendanten Gérard Mortier gehörten zu den herausragenden Europas. Mortier wurde Nachfolger von Herbert von Karajan bei den Salzburger Festspielen. Seit jenen Tagen ist der junge Wallone Bernard Foccroulle Intendant. Das Haus mit seiner klassizistischen Fassade und dem modernen Foyer gilt als der schönste Gebäudekomplex der Stadt. *Place de la Monnaie, Tel. 2291211, Metro: De Brouckère*

Palais des Beaux-Arts **(C–D 4)**
★Der Henry-Le-Bœuf-Saal gehört zu den besten Konzertsälen der Welt, ein akustisches Meisterwerk des Art-déco-Architekten Victor Horta. Große internationale Orchester spielen hier. *Rue Ravenstein 23, Tel. 5078200, Metro: Gare Centrale*

THEATER/THEATERCAFÉS

Brüssel ist eine theaterfreudige Stadt. An mehr als zwei Dutzend

Allein die Brüsseler Oper ist die Reise wert

Bühnen wird große und kleine Schauspielkunst gepflegt. Die Sprache ist entweder Französisch, Niederländisch (Flämisch) oder Brüsseler Dialekt.

Beursschouwburg **(C4)**
Flämisches experimentelles Theater auf der Höhe seiner Zeit. *Rue Auguste Orts 2, Tel. 513 82 90, Metro: Bourse*

Kaaitheater **(B1)**
Unabhängiges tonangebendes Haus, zahlreiche internationale Koproduktionen, flämisch. *Sainctelettesquare 20, Tel. 201 59 65 und 201 58 58, Metro: Yser*

La Samaritaine **(C5)**
★ Theatercafé, in dem häufig Chansonsänger auftreten. *Rue de la Samaritaine 16, Tel. 511 33 95, Tram: 90, 92, 93*

Théâtre du Rideau de Bruxelles **(C4)**
Im Art-déco-Palast der Schönen Künste werden hier sowohl Klassiker als auch neue Werke belgischer Autoren gespielt. *Rue Ravenstein 23, Tel. 507 83 60, Metro: Gare Centrale*

Théâtre Royal **(C3)**
Das »Königliche Theater« besteht seit 1847, Komödien stehen hier auf dem Spielplan. *Galerie du Roi 32, Tel. 512 04 07, Metro: Gare Centrale*

Théâtre Toone VII **(C3)**
★ Brüssels bekanntestes Marionettentheater. José Géal hat die Tradition des Marionettenspieles bewahrt, die auf die Zeit von Philipp II. zurückgeht. Der spanische König hatte Theaterspielen verboten, weil die Besatzer in den Stücken lächerlich gemacht wurden. So kam es, daß die Holzfiguren jene Rollen übernahmen. Beliebt sind Schwänke im Brüsseler Dialekt. Historische Kneipe *Estaminet. Di–Sa 20.30 Uhr, Eintritt 400 bfr, Petite Rue des Bouchers 21, Tel. 511 71 37, Metro: Gare Centrale*

Von Auskunft bis Zoll

Wertvolle Tips und Adressen für Ihre Brüsselreise

AUSKUNFT VOR DER REISE

Belgisches Verkehrsamt
Berliner Allee 47, 40212 Düsseldorf, Tel. 0211/86 48 40

Tourismus Flandern – Brüssel
Mariahilfstr. 121 b, 1060 Wien, Tel. 01/596 06 60

AUSKUNFT IN BRÜSSEL

Brüsseler Fremdenverkehrsamt T.I.B. (**C 4**)
Rathaus von Brüssel, Grand' Place Tgl. 9–18 Uhr, So 9–18 Uhr (Sommer), 10–14 Uhr (Winter), Tel. 513 89 40, Fax 514 45 38

T.I.B. vermittelt Führungen in verschiedenen Sprachen (s. S. 91), reserviert Hotels und Konzerte, verkauft Tageskarten für Tram und Metro und den »Toeristisch Paßpoort«

Tourismus- und Informationsbüro (**C 3**)
Rue du Marché-aux-Herbes 61 (Grasmarkt). Tgl. 9–19 Uhr (Sommer). Im Winter Mo–Sa 9–18 Uhr, So 13–17 Uhr, Tel. 504 03 90, Fax 504 02 70. Hier werden auch Reservierungen für Konzerte, Theater, Hotels vorgenommen.

Zimmervermittlung
Belgium Tourist Reservations, Tel. 513 74 84, Fax 513 92 77

Behinderte
Spezieller Busdienst für Behinderte: *S. T. I. B., Av. de la Toison d'Or 15* (**C 6**), *Tel. 515 23 65.*

Jugendliche
Information für Jugendliche, Rue du Marché-aux-Herbes 27 (**C 3**), *Tel. 5123-274, Mo–Fr 12–17.45 Uhr*
Acotra World (**C 4**), *Magdalenasteenweg 51, Tel. 512 55 40* (vermittelt Übernachtungen)
SOS-Jeunes, für Jugendliche in Not: Tel. 512 90 20

APOTHEKEN

Die Apotheken *(pharmacies)* sind wie andere Geschäfte geöffnet. Listen der Nachtdienst-Apotheken hängen in den *pharmacies* aus.

BANKEN/GELDWECHSEL

Währungseinheit ist der Belgische Franc (bfr) zu 100 Centimes. Für eine Mark bekommt man rund 20 Francs. Es ist günstiger, in Banken Geld zu wechseln. Wechselstuben an der Straße, im

Bahnhof oder im Hotel verlangen hohe Provisionen. Die Ein- und Ausfuhr von Devisen unterliegt keinen Beschränkungen. Die Banken sind im allgemeinen Mo–Fr von 9.15–15.30 Uhr geöffnet, am Flughafen bis 21.45 Uhr, am Gare du Nord bis 23 Uhr, die Wechselstuben im Zentrum bis etwa 19 Uhr.

DIPLOMATISCHE VERTRETUNG

Botschaft der Bundesrepublik Deutschland **(O)**
Av. de Tervuren 190, Tel. 774 19 11

Botschaft der Republik Österreich **(O)**
Rue de L'Abbaye 47, Tel. 649 91 70

Schweizer Botschaft **(D 4)**
Rue de la Loi 26, Tel. 285 43 50

ENTFERNUNGEN

Das belgische Eisenbahnnetz ist sehr dicht. Die Züge verkehren in kurzen Abständen, und Brüssel, fast im Zentrum des Landes, ist ein idealer Ausgangspunkt für Tagesausflüge ins Land:

Antwerpen (Anvers)	*30 Minuten*
Brügge (Bruges)	*55 Minuten*
Löwen (Leuven)	*20 Minuten*
Gent (Gand)	*45 Minuten*
Lüttich (Liège)	*65 Minuten*
Oostende	*75 Minuten*

FLUGHAFEN

Der internationale Flughafen Bruxelles National liegt 14 km außerhalb des Stadtzentrums. Zwischen dem Zentralbahnhof (Gare Centrale) und dem Nordbahnhof (Gare du Nord) und dem Airport verkehren zwischen 5.43 Uhr und 23.14 alle 25 Minuten Expreßzüge. *Flugzeiten: Tel. 723 23 45, Flughafen: Tel. 722 31 11*

FUNDBÜRO

Bahn **(E 5)**
Bei Verlust im Zug oder Bahnhof: *Bahnhof Leopoldswijk. Tel. 203 28 80*

Flughafen
Ankunftshalle Flughafen National, Tel. 723 60 11 oder Besucherhalle, 1. Etage, nur an Werktagen, Tel. 723 68 20 und 723 39 29

Metro, Bus, Tram
S. T. I. B.-Fundbüro, Av. Toison d'Or, (werktags 9.30 bis 12.30 Uhr), Tel. 515 23 94

KLIMA UND REISEZEIT

In Brüssel herrscht ein gemäßigtes kontinentales Klima, es gibt keine ausgesprochen nassen oder trockenen Jahreszeiten. Der Regen ist gleichmäßig über das Jahr verteilt. Als beständig gelten die Monate Mai, Juli und September.

KREDITKARTEN

American Express
Tel. 676 21 11 und 676 23 23
Diners Club
Tel. 206 97 99 und 206 98 00
Eurocard
Tel. 205 85 85 und 070/34 43 44
Visa
Tel. 205 85 85 und 070/34 43 44

FLUGGESELLSCHAFTEN

Lufthansa **(C 3)**
Bd. Anspach 1, Box 4, Tel. 720 22 26
Austrian Airlines **(C 6)**
Av. Louise 66, Tel. 513 75 00

Swissair (E 3)
Place Madou 1, Tel. 219 03 41

NOTRUFE

Unfall Tel. 112
Polizei Tel. 101
Feuer, Krankenwagen Tel. 100
Notarzt Tel. 648 80 00 und 479 18 18
Zahnarzt Tel. 426 10 26 und 428 58 88
SOS Jugendhilfe Tel. 512 90 20
Vergiftung Tel. 345 45 45
Pannenhilfe vom Touring Club de Belgique: 070/34 47 77.

ÖFFENTLICHE VERKEHRSMITTEL

Die Hauptstadt verfügt über ein dichtes und gut ausgebautes Verkehrsnetz: Straßenbahn (Tram), Metro, Bus und Taxi. Das Metronetz ist 33 km lang, die Züge verkehren zwischen 6 Uhr und Mitternacht. Fahrkarten können bei den Verkaufsstellen in den größeren Metrostationen oder am Automaten gekauft werden. Die Fahrscheine müssen vor Antritt der Fahrt entwertet werden. Die Haltestellen der Metro sind durch ein großes weißes »M« auf blauem Grund gekennzeichnet, Tram- und Bushaltestellen durch blau-weiße oder rot-weiße Schilder. Bei »sur demande« hält der Fahrer nur auf Handzeichen. Die orangefarbenen Busse (S. N. C. V.) fahren in die Vororte.
Einfache Fahrt 50 bfr
Tageskarte 130 bfr
Fünf-Fahrten-Ticket 240 bfr
Zehn-Fahrten-Ticket 320 bfr

Informationen und Fahrpläne gibt es gratis, ebenso das lesenswerte Informationsblatt »Kunst in der Metro«.

Brüssel am Sonntag

So könnte ein Sonntag in Brüssel aussehen: Am Morgen: auf der Grand' Place der Vogelmarkt, der Marché aux Oiseaux, anschließend zum Marché des Antiquités et du Livre, dem exklusiven und teuren Buch- und Antikmarkt auf der Place du Grand Sablon, dem Grote Zavel, und weiter zum bunten und fröhlichen Marché aux Puces, dem Flohmarkt auf dem Vossenplein, der Place du Jeu de Balle. Als Markt mit orientalischem Gepräge präsentiert sich der Marché du Midi rund um den Südbahnhof, die Gare du Midi oder Zuidstation.

Abseits des gastronomischen Neppstrichs – rund um Rue des Bouchers und Rue des Dominicains – findet man im Marollenviertel, an der Rue Antoine, unkonventionelle Restaurants und Bistros, in denen man mittags Tagesgerichte bekommt.

Am Nachmittag: Museumsbesuche, ein Spaziergang durch den »Jubelpark«, Parc du Cinquantenaire, oder ein Ausflug in den Wald von Terkameren.

Am Abend: Konzert in den Musées Royaux des Beaux-Arts. Spätabends dann ins »Afrikanische Viertel«. Zwischen der Chaussée de Wavre, Waverse Steenweg, und der Chaussée d'Ixelles gibt es zahlreiche kleine Kneipen und Bars, in denen die Atmosphäre hinreißend und die Musik mitreißend ist.

Keine Stadtführung ohne den Triumphbogen

In allen öffentlichen Verkehrsmitteln und öffentlichen Gebäuden (Bahnhof, Post oder Museum) ist das Rauchen verboten. Die Informationsstelle der Brüsseler Verkehrsbetriebe: *S.T.I.B.* befindet sich in den *Galeries de la Toison d'Or 20* (**C5**), *6. Etage.*

PARKEN/PARKHÄUSER

Brüssel verfügt über eine Vielzahl an Parkhäusern in der Innenstadt. Die Parkhäuser sind im Stadtplan mit einem weißen »P« auf blauem Grund gekennzeichnet. An den Straßenrändern stehen auch häufig Parkuhren: Eine Viertelstunde kostet 5 bfr, eine Stunde 20 bfr. Manche Parkhäuser schließen um 22 Uhr und sind am Wochenende geschlossen.

POST

Portogebühren ins Ausland: *Ansichtskarten 16 bfr., Briefe bis 20 g:* 17 bfr (EU), *sonst 34 bfr.*

Die Postämter sind Mo–Fr 9–17 Uhr, das Postamt Brüssel X, *Av. Fosny 48 A*, an der Gare du Midi ist 24 Stunden geöffnet. Postamt im Zentrum: Erste Etage im Centre Monnaie, *Place de la Monnaie, auch Sa 9–15 Uhr.*

STADTFÜHRUNGEN

Organisierte Stadtführungen vermittelt das T.I.B. im Rathaus auf Anfrage. Die Kommentare sind in Englisch und Französisch. In Deutsch häufig nur für Gruppen. *Sachkundige Rundführungen kosten pro Person zwischen 400 und 500 bfr.* Angeboten werden allgemeine Stadtbesichtigungen, aber auch spezielle, etwa »Brüssel und Art nouveau und Art déco«, »Architektur« und »Brüsseler Geschichte«. Die Leitung haben u.a. Historiker und Architekten. Auskunft: *ARAU, Tel. 2193345, Arcadia, Tel. 5343819. Stadtrundfahrten mit Kopfhörer: 750 bfr, Tel. 5137744*

TAXIS

Die Brüsseler Taxifahrer gelten als freundlich und hilfsbereit. Im Vergleich zu anderen touristischen Großstädten sind sie geradezu von unglaublicher Liebenswürdigkeit geprägt. Sie geben sich international und bemühen sich um Verständigung. *Der Grundpreis beträgt 95 bfr (nachts plus 75 bfr); pro Kilometer zahlt man 38 bfr (Zentrum) oder 76 bfr (außerhalb).* Taxi *Autolux Tel. 411 12 21, A. T. R.: Tel. 647 22 22, Taxis Oranges: Tel. 511 22 33, Taxis-Verts: Tel. 349 49 49.* Alternative Taxizentrale *TGV: Tel. 736 40 60*

TELEFON

Die Telecard hat sich auch in Brüssel durchgesetzt, die Postämter verkaufen die Telefonkarten. Die Münzfernsprecher nehmen 5- und 20-bfr-Münzen.

Vorwahl nach *Deutschland: 00 49, Österreich: 00 43*, in die *Schweiz: 00 41*, Vorwahl vom Ausland nach Brüssel: *0032/2*

Ansichtskarten hier einstecken!

THEATERKARTEN

Das Verkehrsamt T. I. B. vermittelt und reserviert Karten für kulturelle Vorstellungen. *Tgl. 11–17 Uhr, Tel. 513 89 40*

Die meisten Theater haben Vorverkaufsschalter.

»Les eurocrates«

Das asbestverseuchte EU-Quartier Berlaymont wird entseucht, am historischen Bahnhof Gare du Luxembourg erhebt sich ein internationales Kongreßzentrum, und ein gutbürgerlicher Stadtteil verfällt – auch das ist Europa. In Brüssel arbeiten 1250 internationale Institutionen, haben 1700 ausländische Unternehmen eine Niederlassung und die offizielle Lobbyliste der EU enthält mehr als 500 Namen.

Bis zu 200 000 Menschen leben direkt oder indirekt von den EU-Behörden, bei denen 15 000 Euro-Beamte mit Diplomatenpaß arbeiten. Die Gehälter der »Luxus-Europäer« sind doppelt so hoch wie die der nationalen Beamten und steuerfrei. Sie sind von der Hundesteuer ebenso befreit wie von der auf Müll, und außerdem dürfen »les eurocrates« steuerfrei Zigaretten und Alkohol einkaufen – etwas, was einen Brüsseler besonders mit Zorn erfüllt.

TOURIST PASSPORT

Mit dem fast 100 Seiten starken Touristenpaß, den man beim Verkehrsamt für 220 bfr erhält und der ein Jahr lang gültig ist, kann man bis zu 1000 bfr sparen. Der Paß enthält u. a. eine Tageskarte für die öffentlichen Verkehrsmittel, Ermäßigungen für rund 40 Museen und ist als Stadtführer en miniature nützlich.

TRINKGELDER

In Brüssel ist es üblich, ein Trinkgeld, *fooi,* zu geben. Im Kino (Platzanweiser/in) *20 bfr*, Toilette *10–20 bfr*, Gepäckträger *50 bfr*, Friseur 20 Prozent der Rechnung, im Taxi kann man aufrunden, im Restaurant nur, wenn man zufrieden war.

ZOLL

Innerhalb der Europäischen Union dürfen Waren für den persönlichen Bedarf zollfrei ein- und ausgeführt werden, u. a. 800 Zigaretten. Für Schweizer sowie bei Duty-free-Einkauf gelten jedoch erheblich reduzierte Freimengen.

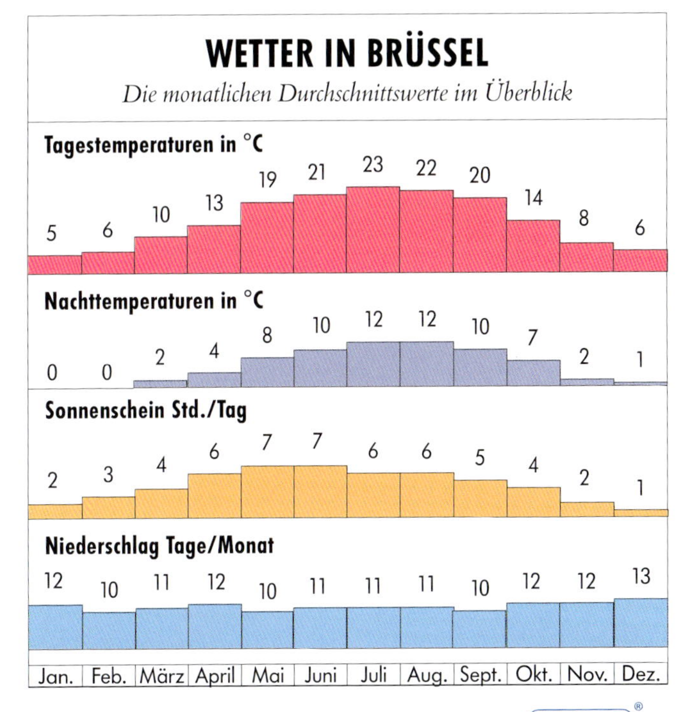

WETTER IN BRÜSSEL

Die monatlichen Durchschnittswerte im Überblick

	Jan.	Feb.	März	April	Mai	Juni	Juli	Aug.	Sept.	Okt.	Nov.	Dez.
Tagestemperaturen in °C	5	6	10	13	19	21	23	22	20	14	8	6
Nachttemperaturen in °C	0	0	2	4	8	10	12	12	10	7	2	1
Sonnenschein Std./Tag	2	3	4	6	7	7	6	6	5	4	2	1
Niederschlag Tage/Monat	12	10	11	12	10	11	11	11	10	12	12	13

Bloß nicht!

Die Hauptstadt Europas kennt auch ein paar unangenehme Seiten

Bahnhof
Auf den Bahnhöfen und in den internationalen Zügen – nach Amsterdam oder Paris – ist besondere Vorsicht geboten. Achten Sie auf das Gepäck, im Gedränge auch auf Ihre Geldbörse und Papiere.

»Bauch von Brüssel«
Im Viertel Ilôt Sacré mit seinen kopfsteingepflasterten Gassen wie Petite Rue des Bouchers, Marché aux Fromage, Rue des Dominicains u.a. sind mehr Neppadressen vorhanden als sonst. Der gastronomische Strich lockt mit Muscheln und Austern auf Eis, Seeigeln und Hummern, Hasen und Rehen – bestrahlt von rötlichem Neonlicht. Hier herrscht – von einem halben Dutzend Ausnahmen abgesehen – die kulinarische Mafia. Schlendern Sie durch die Freßgassen von Brüssel, aber lassen Sie sich nicht verführen und wenn: Kontrollieren Sie die Rechnungen. Viel zu häufig passiert es, daß man sich zuungunsten des Gastes verrechnet hat.

Diebe
Es soll nicht unfreundlich klingen, aber auch in Brüssel gibt es Besucher, die mit einem speziellen Auftrag durch die Straßen laufen: Vor Taschendieben muß gewarnt werden.

Kleidung
Besucher, die im Jogginganzug, in Turnschuhen oder Sandalen herumlaufen, fallen unangenehm auf. In Brüssel liebt man den Kompromiß zwischen Eleganz und Lässigkeit.

Parks
Am Abend sollte man den Stadtpark, aber auch die Gegend am Südbahnhof meiden. In der Nacht sollte man einsame Plätze und Straßen nicht aufsuchen.

Radfahren
Es ist ein zweifelhaftes Vergnügen, Brüssel mit dem Fahrrad zu erkunden. Es gibt so gut wie keine Radwege, der Stadtverkehr ist schnell, und die Ringstraßen sind abgasverpestet. Deshalb sollte man von dem Angebot der Stadt, sich an den Bahnhöfen ein Fahrrad oder Tandem für einen oder auch mehrere Tage zu leihen, Abstand nehmen.

Sonntagsruhe
Viele Restaurants haben am Sonntagnachmittag geschlossen. Erkundigen Sie sich vorher, ob das betreffende Haus geöffnet hat.

Sprechen und Verstehen ganz einfach

Zur Erleichterung der Aussprache sind alle französischen Wörter mit einer einfachen Aussprache (in eckigen Klammern) versehen.

AUF EINEN BLICK

Ja./Nein.	Oui. [ui]/Non. [nong]
Vielleicht.	Peut-être [pöhtätr]
Bitte.	S'il vous plaît. [sil wu plä]
Danke.	Merci. [märsi]
Gern geschehen.	De rien. [dö rjäng]
Entschuldigen Sie!	Excusez-moi! [äksküseh mua]
Wie bitte?	Comment? [kommang]
Ich verstehe Sie/dich nicht.	Je ne comprends pas. [schön kongprang pa]
Ich spreche nur wenig Französisch.	Je parle un tout petit peu français. [schparl äng tu pti pöh frangsä]
Können Sie mir bitte helfen?	Vous pouvez m'aider, s.v.p.? [wu puweh mehdeh sil wu plä]
Sprechen Sie Deutsch/ Englisch?	Vous parlez allemand/anglais? [wu parleh almang/anglä]
Ich möchte …	J'aimerais … [schämrä]
Das gefällt mir nicht.	Ça ne me plaît pas. [san mö plä pa]
Haben Sie …?	Vous avez …? [wus‿aweh]
Wieviel kostet es?	Combien ça coûte? [kongbjäng sa kut]
Wieviel Uhr ist es?	Quelle heure est-il? [käl‿ör ät‿il]

KENNENLERNEN

Guten Morgen/Tag!	Bonjour! [bongschur]
Guten Abend!	Bonsoir! [bongsuar]
Hallo!/Grüß dich!	Salut! [salü]
Wie ist Ihr Name, bitte?	Comment vous appelez-vous? [kommang wus‿apleh wu]
Wie heißt du?	Comment tu t'appelles? [kommang tü tapäl]
Wie geht es Ihnen/dir?	Comment allez-vous/vas-tu? [kommangt‿aleh wu/wa tü]
Danke. Und Ihnen/dir?	Bien, merci. Et vous-même/toi? [bjäng märsi. eh wu mäm/tua]
Auf Wiedersehen!	Au revoir! [oh röwuar]
Tschüs!	Salut! [salü]

Auskunft

links/rechts	à gauche [a gohsch]/à droite [a druat]
geradeaus	tout droit [tu drua]
nah/weit	près [prä]/loin [luäng]
Bitte, wo ist ...?	Pardon, où se trouve ..., s.v.p.? [pardong, us truw ... sil wu plä]
Wie weit ist das?	C'est à combien de kilomètres d'ici? [sät‿a kongbjängd kilomätrö disi]
Welches ist der kürzeste Weg nach/zu ...?	Quel est le chemin le plus court pour aller à ...? [käl‿äl schömäng lö plü kur pur aleh a]

Panne

Ich habe eine Panne.	Je suis en panne. [schö süis‿ang pan]
Würden Sie mir bitte einen Abschleppwagen schicken?	Est-ce que vous pouvez m'envoyer une dépanneuse, s.v.p.? [äs‿kö wu puweh mangwuajeh ün dehpanöhs sil wu plä]
Gibt es hier in der Nähe eine Werkstatt?	Est-ce qu'il y a un garage près d'ici? [äs‿kil‿ja äng garasch prä disi]
... ist defekt.	... est défectueux. [... ä dehfäktüöh]

Tankstelle

Wo ist bitte die nächste Tankstelle?	Pardon, Mme/Mlle/M., où est la station-service la plus proche, s.v.p.? [pardong madam/madmuasäl/mösjöh u ä la stasjong särwis la plü prosch sil wu plä]
Ich möchte ... Liter.	... litres, s'il vous plaît. [litrö sil wu plä]
Super.	Du super. [dü süpär]
Diesel.	Du gas-oil. [dü gasual]
bleifrei/mit ... Oktan.	Du sans-plomb/... octanes. [dü sang plong/ ... oktan]
Volltanken, bitte.	Le plein, s.v.p. [lö pläng sil wu plä]

Unfall

Hilfe!	Au secours! [oh skur]
Achtung!	Attention! [atangsjong]
Rufen Sie bitte schnell ...	Appelez vite ... [apleh wit]
... einen Krankenwagen.	... une ambulance. [ün‿angbülangs]
... die Polizei.	... la police. [la polis]
... die Feuerwehr.	... les pompiers. [leh pongpjeh]
Es war meine Schuld.	C'est moi qui suis en tort. [sä mua ki süis‿ang torr]
Es war Ihre Schuld.	C'est vous qui êtes en tort. [sä wu ki äts‿ang torr]
Geben Sie mir bitte Ihren Namen und Ihre Anschrift!	Vous pouvez me donner votre nom et votre adresse? [wu puweh mö donneh wottrö nong eh wottr‿adräs]

ESSEN/UNTERHALTUNG

Wo gibt es hier …	Vous pourriez m'indiquer… [wu purjeh mängdikeh]
… ein gutes Restaurant?	… un bon restaurant? [äng bong rästorang]
… ein nicht zu teures Restaurant?	… un restaurant pas trop cher? [äng rästorang pa troh schär]
Gibt es hier eine gemütliche Kneipe?	Y-a-t'il un café (bistrot) sympa, dans le coin? [jatihl äng kafeh (bistroh) sängpa dang lö kuäng]
Reservieren Sie uns bitte für heute abend einen Tisch für 4 Personen.	Je voudrais réserver une table pour ce soir, pour quatre personnes. [schwudrä räsehrweh ün tablö pur sö suar pur kat pärsonn]
Wo sind bitte die Toiletten?	Où sont les W.-C., s.v.p.? [u song leh wehseh sil wu plä]
Auf Ihr Wohl!	A votre santé!/A la vôtre! [a wottr sangteh/a la wohtr]
Bezahlen, bitte.	L'addition, s.v.p. [ladisjong sil wu plä]
Hat es geschmeckt?	C'était bon? [sehtä bong]
Das Essen war ausgezeichnet.	Le repas était excellent. [lö röpa ehtät‿äksälang]

ÜBERNACHTUNG

Können Sie mir bitte … empfehlen?	Pardon, Mme/Mlle/M., vous pourriez recommander …? [pardong madam/madmuasäl/mösjöh wu purjeh rökommangdeh]
… ein gutes Hotel	… un bon hôtel [äng bonn‿ohtäl]
… eine Pension	… une pension de famille [ün pangsjongd famij]
Haben Sie noch …?	Est-ce que vous avez encore …? [äs‿kö wus‿aweh angkorr]
… ein Einzelzimmer	… une chambre pour une personne [ün schangbr pur ün pärsonn]
… ein Zweibettzimmer	… une chambre pour deux personnes [ün schangbr pur döh pärsonn]
… mit Bad	… avec salle de bains [awäk sal dö bäng]
… für eine Nacht	… pour une nuit [pür ün nüi]
… für eine Woche	… pour une semaine [pur ün sömän]
Was kostet das Zimmer mit …	Quel est le prix de la chambre, … [käl‿ä lö prid la schangbr]
… Frühstück?	… petit déjeuner compris? [pti dehschöneh kongpri]
… Halbpension?	… en demi-pension? [ang dmi pangsjong]

PRAKTISCHE INFORMATIONEN

Arzt

Können Sie mir einen guten Arzt empfehlen?	Vous pourriez recommander un bon médecin, s.v.p.? [wu purjeh rökommangdeh äng bong mehdsäng sil wu plä]
Ich habe hier Schmerzen.	J'ai mal ici. [scheh mal isi]

Bank

Wo ist hier bitte …	Pardon, je cherche … [pardong schö schärsch]
… eine Bank?	… une banque. [ün bangk]
… eine Wechselstube?	… un bureau de change. [äng bürohd schangsch]
Ich möchte … DM (Schilling, Schweizer Franken) in Francs wechseln.	Je voudrais changer … marks (schilling, francs suisses) en francs. [schwudrä schangscheh … mark (schiling, frang süis) ang frang]

Post

Was kostet …	Quel est le tarif pour affranchir … [käl‿ä lö tarif pur afrangschir]
… ein Brief …	… des lettres … [deh lätr]
… eine Postkarte …	… des cartes postales … [deh kart postal]
… nach Deutschland?	… pour l'Allemagne? [pur lalmanj]

Zahlen

0	zéro [sehroh]	20	vingt [wäng]
1	un, une [äng, ühn]	21	vingt et un, une [wängt‿eh äng, ühn]
2	deux [döh]		
3	trois [trua]	22	vingt-deux [wängt döh]
4	quatre [katr]	30	trente [trangt]
5	cinq [sängk]	40	quarante [karangt]
6	six [sis]	50	cinquante [sängkangt]
7	sept [sät]	60	soixante [suasangt]
8	huit [üit]	70	soixante-dix [suasangt dis]
9	neuf [nöf]	80	quatre-vingt [katrö wäng]
10	dix [dis]	90	quatre-vingt-dix [katrö wäng dis]
11	onze [ongs]		
12	douze [dus]	100	cent [sang]
13	treize [träs]	200	deux cents [döh sang]
14	quatorze [kators]	1000	mille [mil]
15	quinze [kängs]	2000	deux mille [döh mil]
16	seize [säs]	10000	dix mille [di mil]
17	dix-sept [disät]		
18	dix-huit [disüit]	1/2	un demi [äng dmi]
19	dix-neuf [disnöf]	1/4	un quart [äng kar]

Carte

Speisekarte

PETIT DEJEUNER	FRÜHSTÜCK
café noir [kafeh nuar]	schwarzer Kaffee
café au lait [kafeh oh lä]	Kaffee mit Milch
décaféiné [dehkafäineh]	koffeinfreier Kaffee
thé au lait/au citron [teh oh lä/oh sitrong]	Tee mit Milch/Zitrone
tisane [tisan]	Kräutertee
chocolat [schokola]	Schokolade
jus de fruit [schüd früi]	Fruchtsaft
œuf mollet [öf mollä]	weiches Ei
œufs brouillés [öh brujeh]	Rühreier
œufs au plat avec du lard [öh oh pla awäk dü lar]	Eier mit Speck
pain/petits pains/toasts [päng/pti päng/tohst]	Brot/Brötchen/Toast
croissant [kruasang]	Hörnchen
beurre [bör]	Butter
fromage [frommasch]	Käse
charcuterie [scharkütri]	Wurst, Aufschnitt
jambon [schangbong]	Schinken
miel [mjäl]	Honig
confiture [kongfitür]	Marmelade
yaourt [jaur]	Joghurt
fruits [früi]	Obst

SOUPES ET HORS-D'ŒUVRES	SUPPEN UND VORSPEISEN
bisque d'écrevisses [bisk dehkröwis]	Krebssuppe
bouchées à la reine [buscheh a la rän]	Königinpastete
bouillabaisse [bujabäs]	südfranzösische Fischsuppe, scharf gewürzt
consommé de poulet [kongsommehd pulä]	Hühnersuppe
crudités variées [krüditeh warjeh]	Rohkostteller
pâté de campagne [patehd kangpanj]	Bauernpastete
pâté de foie [patehd fua]	Leberpastete
salade niçoise [salad nisuas]	grüner Salat, Tomaten, Ei, Käse, Oliven, Thunfisch
saumon fumé [sohmong fümeh]	Räucherlachs
soupe à l'oignon [sup a luanjong]	Zwiebelsuppe
soupe de poisson [sup dö puasong]	Fischsuppe

VIANDES	FLEISCH
agneau [anjoh]	Lammfleisch
bifteck [biftäk]	Steak
bœuf [böf]	Rindfleisch
côte de bœuf [koht dö böf]	Rindskotelett
escalope de veau [äskalopp dö woh]	Kalbschnitzel
filet de bœuf [filäd böf]	Rinderfilet
foie [fua]	Leber
gigot d'agneau [schigoh danjoh]	Lammkeule
grillades [grijad]	Grillplatte
mouton [mutong]	Hammelfleisch
porc [porr]	Schweinefleisch
rognons [ronnjong]	Nieren
rôti [roti]	Braten
sauté de veau [sohtehd woh]	Kalbsragout
steak au poivre [stäk‿oh puawr]	Pfeffersteak
steak tartare [stäk tartar]	Tatar
veau [woh]	Kalbfleisch

VOLAILLES ET GIBIER	GEFLÜGEL UND WILD
canard à l'orange [kanar a lorangsch]	Ente mit Orange
cuissot de chevreuil [küisohd schöwröj]	Rehkeule
coq au vin [kokoh wäng]	Hahn mit Rotwein
lapin chasseur [lapäng schasör]	Kaninchen nach Jägerart
oie aux marrons [ua oh marong]	Gans mit Maronenfüllung
poulet rôti [puleh rotti]	Brathähnchen
sanglier [sanglijeh]	Wildschwein

POISSONS, CRUSTACES ET COQUILLAGES	FISCHE, KRUSTEN- UND SCHALTIERE
cabillaud [kabijoh]	Kabeljau
calamar frit [kalamar fri]	gebratener Tintenfisch
daurade [dorrad]	Goldbrasse
lotte (de mer) [lott (dö mär)]	Seeteufel
loup de mer [lu dö mär]	Seewolf
maquereau [makroh]	Makrele
morue [morrü]	Stockfisch
perche [pärsch]	Barsch
petite friture [pötit fritür]	gebratene kleine Fische
rouget [ruscheh]	Rotbarbe
sandre [sangdr]	Zander
sole au gratin [soll oh gratäng]	überbackene Seezunge
truite meunière [trüit möhnjär]	Forelle Müllerin
turbot [türboh]	Steinbutt

coquilles Saint-Jacques [kokij sängschak]	Jakobsmuscheln
crevettes [kröwät]	Garnelen, Krabben
homard [ommar]	Hummer
huîtres [üitr]	Austern
moules [mul]	Miesmuscheln
plateau de fruits de mer [platoh dö früi dö mär]	verschiedene Meeresfrüchte

LEGUMES/PATES/RIZ — GEMÜSE/TEIGWAREN/REIS

artichaut [artischoh]	Artischocke
choucroute [schukrut]	Sauerkraut
chou farci [schu farsi]	Kohlroulade
chou-fleur [schuflör]	Blumenkohl
épinards [ehpinar]	Spinat
fenouil [fönuj]	Fenchel
haricots (verts) [arikoh (währ)]	(grüne) Bohnen
nouilles [nuj]	Nudeln
oignons [uanjong]	Zwiebeln
petits pois [pti pua]	Erbsen
poivrons [puawrong]	Paprika
pommes dauphine/duchesse [pom dohfin/düschäs]	Kartoffelkroketten
pommes de terre [pomm dö tähr]	Kartoffeln
pommes de terre sautées [pom dö tär sohteh]	Bratkartoffeln
pommes natures [pomm natür]	Salzkartoffeln
riz au curry [ri oh küri]	Curryreis
tomates [tomat]	Tomaten

DESSERTS ET FROMAGES — NACHSPEISEN UND KÄSE

charlotte [scharlott]	Süßspeise aus Löffelbiskuits mit Früchten und Vanillecreme
crème Sabayon [kräm sabajong]	Weinschaumcreme
flan [flang]	Karamelpudding
fromage blanc [frommasch blang]	feiner Quark
fromage de chèvre [frommasch dö schäwr]	Ziegenkäse
gâteau [gatoh]	Kuchen
glace [glas]	Eis
pâtisserie maison [patisri mäsong]	Gebäck nach Art des Hauses
profiteroles [profitroll]	mit Eis gefüllte kleine Windbeutel an warmer Schokoladensoße
tarte aux pommes [tart oh pomm]	Apfelkuchen
tarte tatin [tart tatäng]	umgestürzter, karamelisierter Apfelkuchen
yaourt [jaurt]	Joghurt

FRUITS	OBST
abricots [abrikoh]	Aprikosen
cerises [söris]	Kirschen
fraises [fräs]	Erdbeeren
framboises [frangbuas]	Himbeeren
macédoine de fruits [masehduan dö früi]	Fruchtsalat
pêches [päsch]	Pfirsiche
poires [puar]	Birnen
pommes [pomm]	Äpfel
prunes [prün]	Pflaumen
raisin [räsäng]	Trauben

Liste des Consommations

Getränkekarte

VIN	WEIN
un (verre de vin) rouge [äng (wär dö wäng) rusch]	ein Glas Rotwein
un quart de vin blanc [äng kar dö wäng blang]	ein Viertel Weißwein
un pichet de rosé [äng pischäd rohseh]	ein Krug (20 bis 50 cl) Roséwein

BIERE	BIER
bière pression [bjär prehsjong]	Bier vom Faß
blonde [blongd] ~	~ helles
brune [brühn] ~	~ dunkles
bière bouteille [bjär butäj]	Flaschenbier

SANS ALCOOL	ALKOHOLFREI
bière sans alcool [bjär sangs‿alkol]	alkoholfreies Bier
eau minérale [oh minehral]	Mineralwasser
jus de fruits [schüd früi]	Fruchtsaft
jus d'orange [schü dorangsch]	Orangensaft
lait [lä]	Milch
limonade [limonad]	Limonade
petit-lait [ptilä]	Buttermilch

Sprechen und Verstehen ganz einfach

Zur Erleichterung der Aussprache sind alle niederländischen Wörter mit einer einfachen Aussprache (in eckigen Klammern) versehen. Das [g] wird wie ch in ach ausgesprochen.

AUF EINEN BLICK

Ja./Nein.	Ja. [jaa]/Nee. [nee]
Vielleicht.	Misschien. [misgien]
Bitte.	*(Sie)* Alstublieft. [alstüblieft] *(Du)* Alsjeblieft. [alscheblieft]
Vielen Dank!	Dank u wel. [dank ü wel]
Gern geschehen.	Graag gedaan. [graag gedaan]
Entschuldigung!	Neemt u mij niet kwalijk. [neemt ü mei niet kwalück]
Wie bitte?	Wat zegt u? [wat zegt ü]
Ich verstehe Sie/dich nicht.	Ik begrijp u/je niet. [ik begreip ü/je niet]
Ich spreche nur wenig …	Ik spreek alleen maar 'n beetje … [ik spreek alleen maar n beetje …]
Können Sie mir bitte helfen?	Kunt u mij alstublieft helpen? [künt ü mei alstüblieft helpen]
Ich möchte …	Ik wil …/Ik zou graag … [ik wil …/ik sau graag …]
Das gefällt mir (nicht).	Dat staat mij (niet) aan. [dat staat mei (niet) aan]
Wieviel kostet es?	Hoe duur is het?/Hoeveel kost het? [hu dühr is hett/hufeel kost hett]
Wieviel Uhr ist es?	Hoe laat is het? [hu laat is hett]

KENNENLERNEN

Guten Morgen!	Goedemorgen! [gujemorgen]
Guten Tag!	Dag!/Goedendag! [dag/gujedag]
Guten Abend!	Goedenavond! [gujenavont]
Hallo! Grüß dich!	Hallo!/Dag! [halloo/dag]
Mein Name ist …	Mijn naam is … [mein nahm is]
Wie ist Ihr Name, bitte?	Hoe heet u? [hu heet ü]
Wie geht es Ihnen/dir?	Hoe gaat het met u/jou? [hu gaht hett mett ü/jau]
Danke. Und Ihnen/dir?	Dank u wel. En met u/jou? [dank ü wel. En mett ü/jau]
Auf Wiedersehen!	Tot ziens! [tot siens]

Auskunft

links/rechts	links/rechts [links/regs]
geradeaus	rechtdoor [regdoor]
nah/weit	dichtbij/ver [digbei/ver]
Bitte, wo ist …?	Waar is …? [wahr is …]
der Hauptbahnhof	het centraal station [het sentraalstaaschon]
die U-Bahn	de ondergrondse/de metro [de ondergrontse/de meetroo]
der Flughafen	de luchthaven/het vliegveld [de lügthaafen/het vliegvelt]
Wie weit ist das?	Hoe ver is dat? [Hu ver is dat]
Ich möchte … mieten.	Ik ben van plan … huren. [Ik benn vann plann … te hüren]
… einen Wagen	… een wagen ['n waagen]
… ein Fahrrad	… een fiets ['n fiets]

Panne

Ich habe eine Panne.	Ik heb pech. [ik heb peg]
Würden Sie mir bitte einen Abschleppwagen schicken?	Wilt u mij alstublieft de sleepdienst/takeldienst sturen? [wilt ü mei alstüblieft de sleepdienst/taakldienst stüren]
Wo ist hier in der Nähe eine Werkstatt?	Waar is hier in de buurt een garage? [wahr is hier in de bürt een graasche]

Tankstelle

Wo ist bitte die nächste Tankstelle?	Waar is het dichtsbijzijnde pompstation? [wahr is het digsbeiseinde pompstaaschon]
Ich möchte … Liter …	Ik wil graag … liter … [ik wil graag … lietr]
… Normalbenzin.	… gewone benzine. [gewohne bensiene]
… Super./Diesel.	… super./diesel. [süper/diesl]
… bleifrei/verbleit.	… loodvrij/verlood. [lootfrei/verloot]
Volltanken, bitte.	Vol, alstublieft. [foll, alstüblieft]

Unfall

Hilfe!	Help! [helüpp]
Achtung!	Let op!/Pas op! [lett op/pas op]
Rufen Sie bitte schnell …	Belt u direct … [belt ü dierekt]
… einen Krankenwagen.	… een ziekenwagen. [n siekewaagn]
… die Polizei.	… de politie. [de poolietsie]
… die Feuerwehr.	… de brandweer. [de branntwehr]
Es war meine/Ihre Schuld.	Het was mijn/uw schuld. [het was mein/üw sgült]
Geben Sie mir bitte Ihren Namen und Ihre Anschrift.	Geeft U mij alstublieft uw naam en uw adres. [geeft ü mei alstüblieft üw nahm en üw adress]

ESSEN/UNTERHALTUNG

Deutsch	Niederländisch
Wo gibt es hier …	Waar is hier … [wahr is hier …]
… ein gutes Restaurant?	… een goed restaurant? [ünn gut restoorant]
Gibt es hier eine gemütliche Kneipe?	Is er hier een gezellig kroegje? [is er hier ünn gesellig krugje]
Reservieren Sie uns bitte für heute abend einen Tisch für 4 Personen.	Wilt u (voor ons) voor vanavond een tafel voor vier personen reserveren? [wilt ü (fohr ons) fohr fanaafont ünn taafl fohr fier persoonen reeserfeern]
Auf Ihr Wohl!	Proost!/Op uw gezondheid! [proost/op üw gesontheit]
Die Rechnung, bitte.	De rekening, alstublieft. [de reekening, alstüblieft]

EINKAUFEN

Deutsch	Niederländisch
Wo finde ich …?	War kun je … kopen? [wahr kün je … kopen]
eine Apotheke	een apotheek [ünn aapooteek]
eine Bäckerei	een bakkerij [ünn bakkerei]
Fotoartikel	fotoartikelen [footoo-artieklen]
ein Kaufhaus	een warenhuis [ünn wahrenheus]
ein Lebensmittelgeschäft	een kruidenier [ünn kreudenier]
einen Markt	een markt [ünn marückt]

ÜBERNACHTUNG

Deutsch	Niederländisch
Können Sie mir bitte … empfehlen?	Kunt u mij … aanbevelen? [künt ü mei … aanbefeelen]
… ein gutes Hotel	… een goed hotel [een gut hootel]
… eine Pension	… een pension [een penschonn]
Haben Sie noch Zimmer frei?	Heeft u nog kamers vrij? [heeft ü nog kaamrs frei]
ein Einzelzimmer	een eenpersoonskamer [ünn eenpersoonskaamr]
ein Doppelzimmer	een tweepersoonskamer [ünn tweepersoonskaamr]
mit Dusche/Bad	met douche/bad [met dusch/batt]
mit Blick aufs Meer	met uitzicht op zee [met eutsigt op see]
für eine Nacht	voor een nacht [voor een nagt]
für eine Woche	voor een week [voor een week]
Was kostet das Zimmer mit …	Hoeveel kost logies met … [huveel kost looschies met]
… Frühstück?	… ontbijt? [onntbeit]
… Halbpension?	… halfpension? [halfpenschonn]

PRAKTISCHE INFORMATIONEN

Arzt

Können Sie mir einen guten Arzt empfehlen?	Kunt u mij een goede dokter/arts aanbevelen? [künnt ü mei ünn guje doktr/arrts aanbeveelen]
Ich habe hier Schmerzen.	Ik heb hier pijn. [ik hep hier pein]

Bank

Wo ist hier bitte ...	Waar is hier ... [wahr is hier]
... eine Bank?	... een bank? [ünn bank]
... eine Wechselstube?	... een wisselkantoor? [ünn wisselkantoor]
Ich möchte ... DM (Schilling, Schweizer Franken) in Gulden/Francs umwechseln.	Ik wil ... Duitse mark (schilling, Zwitserse francs) in guldens/francs omwisselen. [ik will ... D-mark schilling, Switserse frank) in güldens/frankn ommwisselen]

Post

Was kostet ...	Hoeveel kost [huveel kost] ...
... ein Brief ...	... een brief [ünn brief] ...
... eine Postkarte ...	... een briefkaart [ünn briefkaart] ...
... nach Deutschland?	... naar Duitsland? [naar Deutslant]

Zahlen

0	nul [nül]	19	negentien [neegentien]
1	één [een]	20	twintig [twintig]
2	twee [tweh]	21	één-en-twintig [een en twintig]
3	drie [drie]	30	dertig [dertig]
4	vier [vier]	40	veertig [veertig]
5	vijf [feif]	50	vijftig [feiftig]
6	zes [ses]	60	zestig [sestig]
7	zeven [seefen]	70	zeventig [seefentig]
8	acht [agt]	80	tachtig [tachtig]
9	negen [neegen]	90	negentig [neegentig]
10	tien [tien]	100	honderd [hondert]
11	elf [ellüff]	200	tweehonderd [twehhondert]
12	twaalf [twaalüff]	1000	duizend [deusent]
13	dertien [dertien]	10000	tienduizend [tiendeusent]
14	veertien [veertien]		
15	vijftien [feiftien]		
16	zestien [sestien]	1/2	een half [ünn half]
17	zeventien [seefentien]	1/4	een vierde, een kwart [ünn vierde, ünn kwart]
18	achttien [achtien]		

Spijskaart
Speisekarte

ONTBIJT	FRÜHSTÜCK
zwarte koffie [swarte koffie]	schwarzer Kaffee
koffie met melk [koffie met mellück]	Kaffee mit Milch
koffie zonder cafeïne [koffie sondr kafeine]	koffeinfreier Kaffee
thee met melk/citroen [tee met mellück/sitrun]	Tee mit Milch/Zitrone
kruidenthee [kreudentee]	Kräutertee
chocolademelk [schokolademellück]	Schokolade
vruchtensap [früggtensap]	Fruchtsaft
zachtgekookt ei [sachtgekookt ei]	weichgekochtes Ei
roerei [rurei]	Rühreier
eieren met spek [eiere mett speck]	Eier mit Speck
brood/broodje/toast [broot/brooche/toost]	Brot/Brötchen/Toast
boter [bootr]	Butter
kaas [kahs]	Käse
worst [worst]	Wurst
ham [hamm]	Schinken
honing [hooning]	Honig
jam [schemm]	Marmelade
müsli [müslie]	Müsli

VOORGERECHTEN	VORSPEISEN
ansjovis [anschofis]	Sardellen
ardenner ham met meloen [ardenner hamm met müllun]	Ardenner Schinken mit Melone
bokking [bokking]	Geräucherter Hering
garnalen [garnaalen]	Krabben
mosselen [mosselen]	Muscheln
oesters [usters]	Austern
paling [paaling]	Aal

SOEPEN	SUPPEN
bouillon [bujonn]	Fleischbrühe
groentesoep [gruntesup]	Gemüsesuppe
kippensoep [kippesup]	Hühnersuppe
heldere ossenstaartsoep [heldre ossestaartsup]	Klare Ochsenschwanzsuppe
tomatensoep [toomaatensup]	Tomatensuppe
uiensoep [euensup]	Zwiebelsuppe

VLEESGERECHTEN	FLEISCHGERICHTE
biefstuk [biefstück]	Beefsteak
blinde vinken [blinde finken]	Kalbfleischrouladen
kalfszwezerik [kalfssweeserik]	Kalbsbries
Lever [leefr]	Leber
ossentong [ossetong]	Ochsenzunge
varkenshaasje [farkenshaasje]	Schweinelende

GEVOGELTE EN WILD	GEFLÜGEL UND WILD
eend [eent]	Ente
gans [gans]	Gans
kalkoen [kalkun]	Truthahn
kip [kipp]	Huhn
konijntje [kooneinche]	Kaninchen

VIS EN SCHAALDIEREN	FISCH UND SCHALENTIERE
forel [foorell]	Forelle
garnalen [garnaalen]	Krabben
haring [haaring]	Hering
inktvis [inktfiss]	Tintenfisch
kabeljauw [kaabeljau]	Kabeljau
kreeft [kreeft]	Krebs
makreel [mackreel]	Makrele
mosselen [mosselen]	Muscheln
gebakken Paling [gebacken paaling]	Gebackener Aal
rivierkreeft [rievierkreeft]	Flußkrebs
schelvis [sgellfiss]	Schellfisch
schol [sgoll]	Scholle
stokvis [stockfiss]	Stockfisch
tarbot [tarbott]	Steinbutt
tonijn [toonein]	Thunfisch
zalm [sallümm]	Lachs
zeekreeft [seekreeft]	Hummer
zeetong [seetong]	Seezunge

BIJGERECHTEN	BEILAGEN
aardappelen [aardapplen]	Kartoffeln
gebakken aardappelen [gebacken aardapplen]	Bratkartoffeln
gekookte aardappelen [gekookte aardapplen]	Salzkartoffeln
friet [friet]	Pommes frites
rijst [reist]	Reis
gemengde sla [gemengde slaa]	Gemischter Salat

GROENTEN	GEMÜSE
asperges [aspärsches]	Spargel
andijvie [andeivie]	Endivie
bonen [boonen]	Bohnen
doperwten [doppärten]	junge Erbsen
koolraap [kohlraap]	Kohlrabi
prei [prei]	Porree
spruitjes [spreuches]	Rosenkohl
witlof [vittloff]	Chicorée

KLEINE GERECHTEN	KLEINE GERICHTE
loempia [lumpja]	Lumpia, Frühlingsrolle
omelet [ommelät]	Omelette
pasteitje [pasteiche]	Pastete (mit Fleisch oder Gemüse)
salade [saalaade]	Bunter Salat
uitsmijter [eutsmeitr]	Strammer Max

STAMPPOT	EINTOPFGERICHTE
boerenkool met worst [burenkohl met worst]	Grünkohl mit Wurst
erwtensoep met worst [ertnsup met worst]	Erbsensuppe mit Wurst
hutspot [hüttspott]	Möhren, Kartoffeln und Lende
jachtschotel [jagtsgotel]	Wildklein mit Äpfeln und Kartoffelpüree
twaalfuurtje [twalefürsche]	kleine Lunchmahlzeit

NAGERECHTEN	NACHSPEISEN
ijs [eis]	Eis
ijskoffie [eiskoffie]	Eiskaffee
ijstaart [eistaart]	Eistorte
roomijs [rohmeis]	Sahneeis
slagroom [slachrohm]	Schlagsahne
citroenmousse [sitrunmus]	Zitronenmousse
compote [kommpott]	Kompott
flensjes [flensches]	Crêpes
fruitsalade [freutsaalaade]	Obstsalat
gember mit room [gembr met rohm]	Ingwer mit Sahne
pannenkoek [pannekuk]	Pfannkuchen
poffertjes [poffertjs]	Kleinste Pfannkuchen mit Puderzucker

Dranken
Getränkekarte

ALCOHOLISCHE DRANKEN	ALKOHOLISCHE GETRÄNKE
bier [bier]	Bier
bier van het vat [bier van het fatt]	Faßbier
flessenbier [flessebier]	Flaschenbier
bittertje [bittertje]	Genever mit Angostura
brandewijn [brandewein]	Weinbrand, Cognac
jenever [jenevèr]	Genever
champagne [schampanje]	Sekt
likeur [liekör]	Likör
wijn [wein]	Wein

FRISDRANKEN	ALKOHOLFREIE GETRÄNKE
cacao [kakau]	Kakao
chocolademelk [schokolademellück]	Schokolade
koffie [koffie]	Kaffee
koffie met melk [koffie met melk]	Kaffee mit Milch
koffie zonder cafeïne [koffie zondr kafeïne]	koffeinfreier Kaffee
thee [tee]	Tee
limonade [liemoonaade]	Limonade
melk [mellück]	Milch
karnemelk [karrnemellück]	Buttermilch
mineraalwater/bronwater [mieneraalwaatr/bronwaatr]	Mineralwasser
sinaasappelsap [sienaasapplsap]	Orangensaft
tomatensap [toomaatensap]	Tomatensaft
appelsap [appelsap]	Apfelsaft
vruchtensap [frügtensap]	Fruchtsaft

In diesem Register finden Sie alle Sehenswürdigkeiten, Museen und Restaurants. Halbfette Seitenzahlen verweisen auf den Haupteintrag, kursive auf ein Foto.

Sehenswürdigkeiten

Museen

Restaurants/Cafés

Was bekomme ich für mein Geld?

Der Wechselkurs gegenüber der Mark ist relativ konstant. Die Währungseinheit ist der Belgische Franken (Francs, bfr). Es gibt Geldscheine zu 100, 200, 500, 1000, 2000 und 5000 bfr, außerdem Münzen im Wert von 1, 5, 20 und 50 bfr.

Für eine Mark erhält man ca. 20 bfr, für 100 bfr fünf Mark. 100 bfr sind 35 öS und 4,12 sfr.

Eurocheques können bis zu einer Summe von 7000 bfr ausgestellt werden. Fast alle Hotels, Restaurants, Geschäfte der gehobenen Klasse und Autovermieter akzeptieren Kreditkarten. Einige Restaurants geben aber 5 bis 10 Prozent Rabatt, wenn bar gezahlt wird.

Eine Fahrt mit der Metro kostet 50 bfr, ein Espresso auf der Terrasse 65 bfr, für ein kleines Bier zahlt man 45 bfr oder auf der Terrasse 70 bfr. Das Porto für eine Postkarte beträgt 17 bfr, der Kinobesuch kostet um die 240 bfr, und 250 Gramm Pralinen kosten 125 bfr. Der Mindestpreis für eine Taxifahrt ist 95 bfr. Eine frisch gebackene »Brüsseler Waffel« an der Bude kostet 50 bfr, Tellergerichte, plats du jour, etwa 260 bfr. Für ein Menü muß man mit rund 850 bfr rechnen. Die Eintrittspreise für Museen differieren von 40 bis zu 200 bfr.

DM	bfr	bfr	DM
1	20,58	10	0,49
2	41,16	25	1,22
3	61,74	50	2,43
4	82,32	75	3,65
5	102,90	100	4,86
10	205,80	150	7,29
20	411,60	200	9,72
30	617,40	250	12,15
40	823,20	500	24,30
50	1.029,--	750	36,45
60	1.234,80	1.000	48,60
70	1.440,60	1.250	60,75
80	1.646,40	1.500	72,90
90	1.852,20	2.000	97,20
100	2.058,--	2.500	121,50
200	4.116,--	5.000	243,--
300	6.174,--	7.500	364,50
500	10.290,--	10.000	486,--
750	15.435,--	15.000	729,--
1.000	20.580,--	20.000	972,--

Bei Scheckzahlung/Automatenabhebung am Urlaubsort berechnet die Heimatbank die obenstehenden Kurse. Stand: Dezember 1997